Inocêncio Mártires Coelho

A HERMENÊUTICA CONSTITUCIONAL COMO TEORIA DO CONHECIMENTO DO DIREITO

INOCÊNCIO MÁRTIRES COELHO

Professor de Direito Constitucional, Teoria Geral,
Filosofia do Direito e Sociologia Jurídica. Doutor em Direito

A HERMENÊUTICA CONSTITUCIONAL COMO TEORIA DO CONHECIMENTO DO DIREITO

2ª tiragem

Belo Horizonte
2020

Copyright © 2020 Editora Del Rey Ltda.
Nenhuma parte deste livro poderá ser reproduzida, sejam quais forem os meios empregados, sem a permissão, por escrito, da Editora.
Impresso no Brasil | Printed in Brazil
EDITORA DEL REY LTDA.

www.editoradelrey.com.br

Editor: Arnaldo Oliveira

Editor Adjunto: Ricardo A. Malheiros Fiuza
In memoriam

Diagramação / Capa: Alfstudio

Revisão crítica: Odim Brandão Ferreira

EDITORA
Rua dos Goitacazes, 71 – Lojas 20 a 24
Centro - Belo Horizonte-MG
CEP 30190-909

Comercial:
Tel.: (31) 3284-3284 | 25163340
vendas@editoradelrey.com.br

Editorial:
editorial@editoradelrey.com.br

CONSELHO EDITORIAL:
Alice de Souza Birchal
Antônio Augusto Cançado Trindade
Antonio Augusto Junho Anastasia
Antônio Pereira Gaio Júnior
Aroldo Plínio Gonçalves
Carlos Alberto Penna R. de Carvalho
Dalmar Pimenta
Edelberto Augusto Gomes Lima
Edésio Fernandes
Felipe Martins Pinto
Fernando Gonzaga Jayme
Hermes Vilchez Guerrero
José Adércio Leite Sampaio
José Edgard Penna Amorim Pereira
Luiz Guilherme da Costa Wagner Junior
Misabel Abreu Machado Derzi
Plínio Salgado
Rénan Kfuri Lopes
Rodrigo da Cunha Pereira

C672h

Coelho, Inocêncio Mártires
　　A hermenêutica constitucional como teoria do conhecimento do direito / Inocêncio Mártires Coelho. — Belo Horizonte: Del Rey, 2019.

　　130 p. — Inclui bibliografia.

　　ISBN: 978-85-384-0573-3

　　1. Direito constitucional 2. Direito – Filosofia 3. Epistemologia 4. Hermenêutica (Direito) I. Título

CDU (1976) 340.132.6:342.4

Ficha catalográfica elaborada pelo bibliotecário Junio Martins Lourenço CRB 6/3167.

Na atualidade, a hermenêutica há que descobrir sua relação com a tarefa geral da teoria do conhecimento.

Dilthey

À memória de Célia e Joaquim-Francisco – irmãos, amigos e inspiradores.

NOTA DO AUTOR

Este livro foi concebido a partir da chamada *constitucionalização do direito*, fato que os estudiosos descrevem como o processo pelo qual, de uns tempos para cá, a constituição invadiu todos os domínios da experiência jurídica, de tal modo que as normas típicas de cada ramo do direito – e.g. direito civil, administrativo, criminal, etc. –, como que perderam ou, no mínimo, tiveram matizada essa especificidade, cedendo o lugar à prévia e conformadora dimensão constitucional, de tal sorte que a validade da interpretação/ aplicação desses preceitos depende de sua compatibilidade com as regras e princípios constitucionais. Em decorrência dessa *panconstitucionalização* dos ordenamentos jurídicos, o conhecimento jurídico transformou-se em conhecimento do direito constitucional, não do direito constitucional em estado puro, pré-interpretativo, mas do direito constitucional interpretado/aplicado pelo Judiciário, desde os juizados de primeiro grau até as cortes constitucionais, como o nosso STF, cujas *Súmulas Vinculantes* – daí o seu nome – impõem-se à observação dos demais órgãos do Poder Judiciário e da administração pública direta e indireta, nas esferas federal, estadual e municipal. Por tudo isso, concluímos – respeitadas as naturais opiniões em contrário –, que a hermenêutica constitucional é a nova epistemologia jurídica ou teoria do conhecimento do direito.

SUMÁRIO

1. INTRODUÇÃO 1

2. O FENÔMENO DO CONHECIMENTO E A SUA TEORIA 3

   2.1. Gnosiologia, Epistemologia ou Teoria do Conhecimento 3

   2.2. Análise fenomenológica do conhecimento 6

   2.3. Ciências: objeto material, objeto formal e método 12

   2.4. Método científico 14

3. FILOSOFIA GERAL E FILOSOFIA DO DIREITO. AS QUESTÕES
FUNDAMENTAIS DA FILOSOFIA E SUA FORMULAÇÃO
NOS DOMÍNIOS DA FILOSOFIA DO DIREITO. ONTOLOGIA,
GNOSIOLOGIA E AXIOLOGIA JURÍDICAS 19

   3.1. Filosofia geral e filosofia do Direito 19

   3.2. As questões fundamentais da filosofia do direito e sua formulação:
ontologia, gnosiologia e axiologia jurídicas 22

4. OS PLANOS E ÂMBITOS DO CONHECIMENTO DO DIREITO.
O SER E O CONHECER DO DIREITO. AS DIVERSAS "CIÊNCIAS"
DO DIREITO E A UNIDADE DO SABER JURÍDICO 27

5. A HERMENÊUTICA COMO CIÊNCIA DE SI MESMA
E A HERMENÊUTICA JURÍDICA COMO METACIÊNCIA DA
CIÊNCIA DO DIREITO 33

6. HERMENÊUTICA CONSTITUCIONAL. CONCEITO,
CARACTERÍSTICAS, MÉTODOS, PRINCÍPIOS E LIMITES
DA INTERPRETAÇÃO CONSTITUCIONAL. MUTAÇÃO
CONSTITUCIONAL: CONCEITO, ESPÉCIES E LIMITES 37

   6.1. Conceito de interpretação constitucional 37

   6.2. Características da interpretação constitucional 38

      6.2.1. Linguisticidade 38

      6.2.2. Literalidade 39

      6.2.3. Objetividade 39

6.2.4. Necessidade 39

6.2.5. Contextualidade 39

6.2.6. Mutabilidade 40

6.3. Métodos da interpretação constitucional 41

6.3.1. Método jurídico ou hermenêutico-clássico 46

6.3.2. Método tópico-problemático 48

6.3.3. Método hermenêutico-concretizador 51

6.3.4. Método científico-espiritual 52

6.3.5. Método normativo-estruturante 57

6.3.6. Método da comparação constitucional 61

6.4. Princípios da interpretação constitucional 64

6.4.1. Princípio da unidade da constituição 71

6.4.2. Princípio da concordância prática ou da harmonização ... 71

6.4.3. Princípio da correção funcional 74

6.4.4. Princípio da eficácia integradora 77

6.4.5. Princípio da força normativa da Constituição 78

6.4.6. Princípio da máxima efetividade 79

6.4.7. Princípio da interpretação conforme a constituição 80

6.4.8. Princípio da proporcionalidade ou da razoabilidade 83

6.5. Limites da interpretação constitucional 86

7. MUTAÇÃO CONSTITUCIONAL:
    CONCEITO, ESPÉCIES E LIMITES 97

7.1. Conceito de mutação constitucional 97

7.2. Espécies de mutação constitucional 99

7.3. Limites da mutação constitucional 100

8. A PANCONSTITUCIONALIZAÇÃO DO ORDENAMENTO
    JURÍDICO E A TRANSFORMAÇÃO DA HERMENÊUTICA
    CONSTITUCIONAL EM TEORIA DO CONHECIMENTO
    DO DIREITO 105

9. CONCLUSÃO 113

REFERÊNCIAS BIBLIOGRÁFICAS 115

1
INTRODUÇÃO

Reconhecido, na filosofia, o caráter paradigmático da hermenêutica para as ciências do espírito, como *arte geral do compreender*, e, nos domínios do direito, admitido o papel nuclear e seminal do conhecimento da Constituição para todos os saberes jurídicos, parece lícito dizer-se que a *hermenêutica constitucional* se transformou em verdadeira *epistemologia jurídica*, na *teoria do conhecimento do direito*, ou no *conhecimento do conhecimento do direito*. Afinal, incumbe-lhe a metatarefa de interpretar as diferentes interpretações do fenômeno jurídico, a partir da análise crítica das múltiplas leituras da lei fundamental e dos *vários mundos constitucionais* emergentes dessas distintas visões.[1]

---

[1] F.D.E.Schleiermacher. *Herméneutique*. Alençon: CERF/PUL,1989, p.113, e Hermenêutica e Crítica. Ijuí: Edições UNIJUÍ, 2005, p. 91; Hans-Georg Gadamer. *Verdad y método*. Salamanca: Sígueme, v. I. 1993, p. 396-414; Verdade e método. Petrópolis-RJ, v. 1, 1997, p. 482-505; Edgar Morin. O método 3: O conhecimento do conhecimento. Porto Alegre: Editora Sulina, 2005; Andrés Ortiz-Osés. *Antropologia hermenêutica*. Lisboa: Escher, 1989, p. 67; Gustavo Just. *Interpréter les théories de l' interprétation*. Paris: L'Harmattan. 2005; José Juan Moreso. *La indeterminación del derecho y la interpretación de la Constitución*. Madrid: *Centro de Estudios Políticos y Constitucionales*, 1997, p. 167-171.

2
O FENÔMENO DO CONHECIMENTO E SUA TEORIA

2.1 Gnosiologia, Epistemologia ou Teoria do Conhecimento

Embora usando, indistintamente, essas três locuções no jogo de linguagem da filosofia, a provocar algumas confusões, não há divergência de monta entre os pensadores sobre a "coisa" a que se referem, quando empregam qualquer dessas expressões. Todos sabem tratar-se de uma das questões fundamentais da filosofia, mais precisamente, do *fenômeno do conhecimento e dos problemas nele contidos*: a saber: sua *possibilidade, origem, essência, espécies* e o *critério de verdade*.[2]

---

[2] Edgar Morin. O método 3: o conhecimento do conhecimento. Porto Alegre: Editora Sulina, 2005; Johannes Hessen. Teoria do Conhecimento. Coimbra: Arménio Amado, 1987; Albert Keller. Teoria Geral do Conhecimento. São Paulo: Edições Loyola, 2009; Paul K. Moser *et al.* A Teoria do Conhecimento: uma introdução temática. São Paulo: Martins Fontes, 2009; Urbano Zilles. Teoria do conhecimento e teoria da ciência. São Paulo: Paulus, 2005; Roderick M. Chisholm. Teoria do Conhecimento. Rio de Janeiro: Zahar Editores, 1969; Jacob Bazarian. O problema da verdade: teoria do conhecimento. São Paulo: Alfa-Omega,1985; Caio Prado Júnior. Dialética do conhecimento. São Paulo: Editora Brasiliense, tomos

Apenas para ilustração, vejamos alguns *Dicionários de Filosofia* e o que neles se encontra sobre o *problema do conhecimento*, independentemente do nome com que aparecem nessas obras de referência: *epistemologia, gnosiologia* ou *teoria do conhecimento.*

Em seu *Diccionario de Filosofía*, no verbete *Epistemologia*, Ferrater Mora, por exemplo, afirma que os termos "epistemologia" e "gnosiologia" são considerados, frequentemente, como sinônimos e que, em ambos os casos, trata-se de "teoria do conhecimento", expressão que também se usa no lugar de qualquer das duas anteriores.[3] No verbete *Gnosiologia*, Lalande, citando e acolhendo proposta de M. Baldwin, sugere que se entenda por *Epistemologia* a teoria do conhecimento, no sentido mais geral da palavra: origem, natureza e limites do conhecimento; e *Gnosiologia*, como a análise sistemática dos conceitos usados pelo pensamento para interpretar o mundo, incluída a crítica ao ato de conhecer, considerado seu valor ontológico.[4] Em Nicola Abbagnano, lê-se que o problema cujo tratamento é tema específico da teoria do conhecimento é a realidade das coisas ou, em geral, do *mundo externo*; que, por origem e formulação, a teoria do conhecimento é *idealista*; e que mesmo as soluções chamadas *realistas* são formas de idealismo, pois

---

I e II, 1955; Max Wentscher. Teoría del Conocimiento. Barcelona: 1927; A. J. Ayer. O problema do conhecimento. Lisboa: Editora Ulisseia, s/d; Irael Scheffler. Bases y condiciones del conocimiento. Buenos Aires: Paidós, 1970; e José Afonso da Silva. Teoria do conhecimento constitucional. São Paulo: Malheiros, 2014.

[3] José Ferrater Mora. Diccionario de Filosofía. Madrid: Alianza Editorial, vol. 2, E-J, 1986, p. 959-960.

[4] André Lalande. Vocabulário Técnico e Crítico da Filosofia. São Paulo: Martins Fontes, 1993, p. 448.

as entidades reconhecidas como *reais* são, muito frequentemente, consciências ou conteúdos de consciência.[5] Por fim, em M. Rosental e P. Iudin, pensadores de orientação marxista, a expressão *Gnosiologia* – traduzida do grego como "estudo do conhecimento" –, é assimilada à "teoria do conhecimento" e qualificada como "doutrina filosófica que trata da possibilidade do homem de descobrir a verdade, de conhecer a realidade; teoria das fontes do conhecimento e das formas de que se reveste o processo do conhecimento", asseverando, ainda, que "o ponto de partida de toda gnosiologia é a resposta que, materialista ou idealista, dá à questão fundamental da filosofia".[6] Algo semelhante constatamos no *Dicionário Oxford de Filosofia*, de Simon Blackburn, que identifica *Epistemologia* e *Teoria do Conhecimento* e aponta, como algumas de suas questões centrais, a origem do conhecimento; o lugar da experiência e da razão na gênese do conhecimento; a relação entre o conhecimento e a certeza, e entre o conhecimento e a impossibilidade do erro; a possibilidade do ceticismo universal; e as formas de conhecimento que emergem das novas conceptualizações do mundo.[7] Desse balanço, conclui-se que, não obstante os termos *Epistemologia, Gnosiologia* e *Teoria do Conhecimento* serem usados, indistintamente, a maioria dos dicionaristas prefere o termo *Teoria do Conhecimento* para tratar do problema do conhecer.

---

[5] Nicola Abbagnano. Dicionário de Filosofia. São Paulo: Martins Fontes, 2000, p. 183.

[6] M. Rosental & P. Iudin. Pequeno Dicionário Filosófico. São Paulo: Livraria Exposição do Livro, 1959, p. 242.

[7] Simon Blackburn. Dicionário Oxford de Filosofia. Rio de Janeiro: Jorge Zahar Editor, 1997, p. 118-119.

2.2 Análise fenomenológica do conhecimento

A análise fenomenológica do conhecimento, levada a efeito, entre outros, por Johannes Hessen e Manuel García Morente[8], cujos ensinamentos aqui reproduzimos, propõe-se a *descrever* o evento cognitivo, tal como se apresenta em sua estrutura geral, abstraídos quaisquer vínculos com a realidade, a historicidade e a existencialidade, desprezando, inclusive, a discussão em torno da possibilidade do conhecimento.[9]

Graças a essa espécie de *redução eidética*[10], que intenta colocar entre parênteses o objeto *conhecimento* para poder captar-lhe a *essência*, no modo como esta se manifesta na *experiência* cognitiva, aquilo a que chamamos *conhecimento* se apresenta como fenômeno de natureza *relacional*, mais precisamente, como relação dupla ou *correlação ontognosio-lógica* – subjetivo-objetiva – na qual se encontram frente a frente o *sujeito* e o *objeto* do conhecimento.

No âmbito dessa relação, embora complementarmente imbricados, o sujeito e o objeto possuem funções distintas e inconfundíveis. Enquanto o sujeito pensante ou sujeito cognoscente apreende o objeto – o que ele faz *saindo* de sua esfera e *ingressando* na esfera própria do objeto –, este tem a

---

[8] Johannes Hessen. Teoria do Conhecimento. Coimbra: Arménio Amado, 1976; e Manuel García Morente. Lecciones Preliminares de Filosofia. Buenos Aires: Losada, 1957.

[9] I.M. Bochenki. Los métodos actuales del pensamiento. Madrid: Ediciones Rialp, 1979, p. 51: "Só as coisas, os fenômenos, tal como se apresentam à vista do investigador, devem entrar em questão".

[10] Ver *Eidético*; *redução eidética*, em José Ferrater Mora. Diccionario de Filosofia. Madrid: Alianza, vol.2, 1986, p. 901-902.

O FENÔMENO DO CONHECIMENTO E SUA TEORIA

função de ser conhecido ou apreendido pelo sujeito, ao qual *revela* as suas propriedades.

Como, de outro lado, aquelas propriedades não são apreendidas diretamente pelo sujeito, mas, antes, captadas *através* da imagem, da representação, da ideia ou do pensamento, que nele se formam acerca do objeto, "o conhecimento do objeto não é igual ao objeto do conhecimento, nesse ponto de vista".[11] Já Georg Lukács, citando Fichte, afirma que se trata da "projeção absoluta de um objeto, *de cuja origem não se pede contas*, no qual, por conseguinte, *há uma obscuridade e um vazio entre a projeção e o projetado, uma projeção per hiatum irrationalem*" [12].

Nessa relação ontognosiológica, mesmo preservada a necessária autonomia de seus elementos constitutivos, sujeito e objeto se implicam e se pressupõem reciprocamente. Logo, esses elementos *só são o que são enquanto o são um para o outro*. Mais precisamente, em palavras do próprio García Morente:

> Lo que el objeto es, no lo es en sí y por sí, sino en tanto en cuanto es objeto de un sujeto. Lo que el sujeto es, tampoco lo es como un ser absoluto, en sí y por sí, sino en tanto en cuanto es sujeto destinado a conocer un objeto[13].

No mesmo sentido, Henri Lefebvre assinala que, em termos filosóficos, o sujeito e o objeto atuam e reagem

---

[11] Roger Garaudy. Para conhecer o pensamento de Hegel. Porto Alegre: L & PM, 1983, p. 47.

[12] Georg Lukács. História e consciência de classe. Estudos de dialética marxista. Porto: Portugal, Publicações Escorpião, 1974, p. 136.

[13] Manuel García Morente. *Lecciones Preliminares de Filosofia*. Buenos Aires: Losada, 1957, p. 273.

continuamente, em perpétua *interação dialética*, porque embora opostos, ambos os elementos *integram-se* assim como, numa discussão ou num diálogo, se integram seus diversos participantes.[14] Mais incisivo sobre o *protagonismo* do sujeito na construção do conhecimento, o filósofo marxista Adam Schaff afirma quem conhece não é um espelho ou um aparelho a registrar passivamente as sensações geradas pelo circunvizinho; que, pelo contrário, é precisamente ele, o sujeito do conhecimento, quem dirige esse aparelho, que o orienta, o regula, e em seguida transforma os dados que ele capta; que introduz no conhecimento um fator subjetivo, ligado a seu condicionamento social; que, por fim, o caráter ativo, por excelência, do sujeito que conhece está em relação com o fato – a seu ver, omitido na maior parte das análises abstratas –, de que o conhecimento equivale a uma atividade.[15] Nessa linha, o filósofo M. Rosental diz que seria grande erro pensar que o mundo se reflete no cérebro humano de modo tão simples como os objetos se refletem num espelho, pois, na realidade, o conhecimento é processo muito mais complexo, com graus ou etapas particulares e tem como base a atividade prática dos homens. Em arremate, citando Lênin, acentua que "o ponto de vista da vida, da prática, deve ser o primeiro e fundamental ponto de vista da teoria do conhecimento"[16].

---

[14] Henri Lefebvre. Lógica formal, lógica dialéctica. Madrid, Siglo XXI de España: 1970, p.55-101.

[15] Adam Schaff. História e Verdade. São Paulo: Martins Fontes, 1987, p. 82-83.

[16] M. Rosental. Da teoria marxista do conhecimento. Rio de Janeiro: Editorial Vitória, 1956, p. 43.

O FENÔMENO DO CONHECIMENTO E SUA TEORIA

Em razão dessa necessária correlação subjetivo-objetiva, que os torna inseparáveis, até no plano *conceitual*, sujeito e objeto são congenitamente complementares e interdependentes, à semelhança de outros pares de conceitos correlatos, como *direita/esquerda*, *acima/abaixo*, que se implicam e se exigem, reciprocamente, no momento mesmo em que formulados.

Apesar dessa similitude, uma diferença essencial particulariza a relação ontognosiológica, em face de outras relações conceituais afins. No âmbito da relação subjetivo-objetiva, sendo *intrínsecas* ou *inerentes* a seus elementos constitutivos, as posições e/ou funções correspondentes ao sujeito e ao objeto são também mutuamente *inconversíveis*. O mesmo, porém, não se verifica nas relações desempenhadas por aqueles outros pares de conceitos correlatos, cujas funções, sendo-lhes externas e contingentes, podem ser trocadas mutuamente, desde que alteradas as posições atribuídas aos elementos da relação. Se invertermos as posições que dois objetos ocupam no espaço, deslocando-os da direita para a esquerda ou de cima para baixo, essa alteração implicará a troca das funções antes desempenhadas. A esquerda se converterá em direita quando a direita se converter em esquerda; o que estava abaixo passará para cima, quando o que se encontrava em cima se deslocar para baixo. Isso ocorre, precisamente, porque não sendo da essência de tais objetos assumirem ou sinalizarem posições no espaço, podemos jogar com eles ou deslocá-los de um ponto para outro, sem que esse jogo ou esse deslocamento desnaturem tais objetos ou inviabilizem suas relações mútuas.

No âmbito da relação ontognosiológica, no entanto, isso não pode ocorrer, porque ao sujeito incumbe, necessária e exclusivamente, a tarefa de *conhecer*; e, ao mesmo tempo, ao objeto, também de forma necessária e exclusiva, a função de *ser conhecido*. Como o sujeito é sempre o sujeito, e o objeto é sempre o objeto – *e um só é o que é enquanto o é para o outro* –, qualquer mudança de suas posições relativas, mesmo simplesmente imaginária, eliminaria o próprio conhecimento. Assim, ainda quando nos ensimesmamos e nos fazemos *objeto* de nossas reflexões, mesmo nessa particularíssima relação ontognosiológica, não se confundem o *eu* pensante e o *eu* pensado, permanecendo irredutíveis e necessariamente separados, o primeiro como *sujeito*, o segundo como *objeto* do conhecimento. O dualismo sujeito-objeto, convém insistir, pertence à essência do conhecimento, funcionando como verdadeira condição de possibilidade de todos os eventos cognitivos.

Apesar da autonomia e da irredutibilidade dos elementos da relação ontognosiológica, o sujeito é sempre *determinado* pelo objeto — mais precisamente, pela *imagem* do objeto que se forma em sua consciência cognoscente. Em razão dessa *prevalência* do elemento objetivo, costuma-se definir o fenômeno do conhecimento como *determinação do sujeito pelo objeto*. Por isso, também se afirma que, no processo gnosiológico, o sujeito se conduz *receptivamente* em face do objeto, muito embora essa receptividade não signifique nem passividade nem subordinação do sujeito perante o objeto. Isso porque, ao fim e ao cabo, o conhecimento constitui *atividade* espontaneamente desenvolvida pelo sujeito, *tarefa* que desempenha para apreender o objeto, vale

O FENÔMENO DO CONHECIMENTO E SUA TEORIA

dizer, para dominar cognitivamente a realidade. Portanto, saindo de sua esfera e *trabalhando* o objeto, o sujeito *constrói* o conhecimento e o traduz em linguagem. A essa luz, afigura-se equívoco falar em passividade do sujeito, como se, no processo do conhecimento, permanecesse contemplativo ou inerte diante do objeto, apenas registrando sinais recebidos de fora de sua consciência. Nessa perspectiva evidenciam-se o sentido e a importância de asserções como "a percepção não é um encontro entre os olhos e os entes, e sim que o olho é somente um órgão da alma" e que "nós vemos através do olho, mas não é o olho que vê".[17] Afinal, sem a *criação* do objeto, ainda que apenas como *objeto do conhecimento* – objeto que não é um ser *em si* e *por si*, mas uma entidade puramente *lógica*, que o sujeito *põe* diante de si *para ser conhecido* –, sem a *movimentação* do sujeito não ocorre o fenômeno ou o evento a que chamamos *conhecimento*. Então, também nesse ponto de vista, o sujeito é o *senhor* do conhecimento[18].

A despeito de preservar do início ao fim sua autonomia e atuar com espontaneidade na relação cognitiva, o sujeito é determinado pelo objeto, pela simples razão de que o conhecimento é sempre o conhecimento de algo, *do objeto*, externo e alheio ao sujeito, que está *fora* dele, que se lhe *opõe* e para ele permanece um *outro*, mesmo depois de ser *apreendido* pela consciência. Em razão disso, o objeto

---

[17] Hans-Georg Gadamer. *Da alma al logos: el Teeto y el Sofista*, in El inicio de la filosofía occidental. Barcelona: Paidós, 1995, p. 68.

[18] Sobre a importância do *fator subjetivo* no processo do conhecimento, ver Adam Schaff. História e Verdade. São Paulo: Martins Fontes, 1987, Capítulo I – *A Relação Cognitiva, O Processo do Conhecimento, A Verdade* – p. 65-98.

transcende o sujeito – em face do qual se mantém autônomo e independente. Tal assertiva é válida para qualquer objeto do conhecimento, inclusive para os objetos ditos *ideais*, que, nem pelo fato de serem puros entes de razão, perdem aquela transcendência epistemológica em face do sujeito que lhes dá existência. Destarte, a *autonomia* do objeto perante o sujeito cognoscente é dado *a priori* ou verdadeira *condição de possibilidade* do evento cognitivo, que se nos apresenta como a apreensão das propriedades do objeto pelo sujeito. Eis aí descrição fenomenológica válida tanto para o conhecimento das *ciências naturais*, quanto para o das chamadas *ciências humanas* ou *ciências do espírito*.

Daí que nem na hermenêutica é dado ao intérprete substituir a coisa interpretanda pela coisa interpretada. Na hermenêutica jurídica, não se permite ao intérprete trocar o texto "incômodo" por nenhum outro, que lhe permita alcançar objetivos que, sem essa trapaça, não conseguiria atingir.

2.3 Ciências: objeto material, objeto formal e método

Independentemente do setor da realidade com que trabalham e dos respectivos procedimentos de indagação e de validação, todas as ciências têm três elementos essenciais: objeto *material, objeto formal* e *método*. O objeto material é a *matéria* sobre a qual o cientista faz incidir o foco de suas investigações; o objeto formal é o ângulo, a perspectiva ou o ponto de vista no qual o cientista encara o setor da realidade de que se "apossa", para desenvolver suas investigações; o método, afinal, etimologicamente é o "caminho" – pavimentado de processos e técnicas, assim como de regras explícitas

O FENÔMENO DO CONHECIMENTO E SUA TEORIA

e formais –, que o cientista deve percorrer para chegar a "seu" objeto. Enfim, o conhecimento científico é aquele criticamente adquirido e sistematicamente organizado.

Aplicados esses conceitos às diversas "ciências" do direito, o objeto *material* desses múltiplos saberes jurídicos é a "coisa" direito, aquilo que ao longo da história tem sido vivenciado como *experiência jurídica*. Objetos *formais* serão os múltiplos aspectos dessa realidade – as dimensões *fática*, *axiológica* e *normativa* dessa humana experiência –, a que correspondem, como indagações distintas e autônomas, respectivamente, a Sociologia Jurídica, a Filosofia do Direito e a Ciência do Direito. O *método*, afinal, é constituído pelas técnicas e procedimentos de que se valem os juristas para apreender/trabalhar a "coisa jurídica", aí incluído o próprio "jogo de linguagem" do direito, pois toda ciência precisa de linguagem própria, sem a qual o saber não se constitui nem se comunica.

Em termos do vocabulário de Wittgenstein, para nos situarmos no mundo do direito e compreendermos o significado dos conceitos jurídicos; para termos acesso a essa esfera do real, devemos participar de seu *jogo de linguagem*, cuja compreensão pressupõe certas *vivências-chave*, até porque o elemento *normativo* não se pode *mostrar* de modo palpável, como se mostram os objetos perceptíveis aos sentidos.[19]

---

[19] Ludwig Wittgenstein. Investigações Filosóficas. Lisboa: Gulbenkian, 1995, p. 177; Dicionário Wittgenstein. Rio de Janeiro: Zahar, 1998, p. 225-229; Karl Larenz. Metodologia da Ciência do Direito. Lisboa: Gulbenkian, 1989, p. 236-239.

Por sua importância como condição de possibilidade do conhecimento científico, a expressão *jogo de linguagem* não pode ser degradada a jogo *com* a linguagem, a *fazer malabarismos* com palavras. Um jogo de linguagem, corretamente entendido, é o modo especial como - dentro de certa linguagem - fala-se de determinado setor de coisas ou âmbito de experiência. Tais setores são, por exemplo, a natureza inanimada e a natureza viva, a técnica, a arte, ou mesmo o direito. Numa linguagem, fala-se sempre *sobre* algo. A compreensão, por intermédio da linguagem, é compreensão de uma coisa *trazida à linguagem*. A coisa de que se fala na linguagem normativa da ciência jurídica é a *coisa Direito*[20].

2.4 O método científico

Conceituado o método científico, *tout court*, como "procedimento de investigação organizado, repetível e autocorrigível"[21], o gênero comporta duas grandes espécies – *explicação* e *compreensão* – decorrentes da natureza do objeto da investigação. Daí a advertência de Gadamer, citando Aristóteles, de que a ideia de um método único, determinável antes de se investigar a coisa, constitui perigosa abstração, pois é o *próprio objeto* que deve determinar o método apropriado para investigá-lo.[22] Em princípio correta,

---

[20] Karl Larenz. Metodologia da Ciência do Direito. Lisboa: Gulbenkian, 1989, p. 238.

[21] Nicola Abbagnano. Dicionário de Filosofia. São Paulo: Martins Fontes, 2000, verbete *Método*, p. 668.

[22] Hans-Georg Gadamer. O problema da consciência histórica. Rio de Janeiro: FGV, 1998, p. 21.

O FENÔMENO DO CONHECIMENTO E SUA TEORIA

essa colocação nos encerra, porém, num círculo vicioso: só pelo método "caminhamos" até o objeto, mas precisamos conhecer previamente esse objeto, a fim de escolher o modo adequado para chegar até ele.[23] Por isso, diz-se que "*o método não pode explicar a eleição do método* e que [...] *não devemos esperar verdades profundas da parte da metodologia*.[24] Mesmo assim, trata-se de impasse ontognosiológico, que pode ser superado tanto pela *intuição eidética*[25] quanto pela *pré-compreensão*, a nos dizerem que qualquer pergunta já envolve, de certa forma, alguma ideia – embora ainda vaga – sobre o perguntado, ou seja, que é preciso, *desde logo*, termos alguma noção, mesmo imprecisa, do que seja a "coisa direito", para só depois escolher o melhor caminho para chegar até ela. Nesse sentido, o conhecimento do objeto jurídico precede a escolha do método adequado para investigá-lo[26]. Ainda que depois retificado.

---

[23] Parafraseando Heidegger, pode-se afirmar que "o decisivo não é sair do círculo, é sair do círculo de modo adequado". Martin Heidegger. Ser e Tempo. Petrópolis,RJ: Vozes, Parte I, 2ª edição, 1988, p. 210.

[24] Gustavo Zagrebelsky. *La Corte Constitucional y la Interpretación de la Constitución*, in División de Poderes e Interpretación: hacia una teoría de la praxis constitucional. Madrid: Tecnos, 1987, p.171; Giuseppe Zaccaria. Razón jurídica e interpretación. Madrid: Civitas, 2004, p. 337; e Kart Popper. A Lógica da Pesquisa Científica. São Paulo: Cultrix, 1980, p. 57.

[25] Edmund Husserl. *Ideas relativas a una fenomenología pura y una filosofía fenomenológica*. México: Fondo de Cultura Económica, 1992, p. 20-23 e 154-155; Martin Heidegger. Ser e Tempo. Petrópolis, RJ: Vozes, Parte I, 1988, p. 204-211; e Hans-Georg Gadamer. Verdade e Método. Petrópolis, RJ: Vozes, 1997, p.441.

[26] Miguel Reale. Lições Preliminares de Direito. São Paulo: Saraiva, 1986, p.1-13.

Em tal cenário, é fecunda, além de ilustrativa e interessante, a "viagem" sugerida por Recaséns Siches para se localizar, no universo das diversas regiões ônticas, onde "mora" o ente jurídico. Tal caminhada pressupõe alguma orientação prévia, sob pena ficarmos parados ou partirmos "em todas as direções" e não chegarmos a lugar nenhum. Ao fim de sua rota, iniciada pela natureza física e em trânsito pela natureza psíquica, esse mestre do raciovitalismo acaba localizando – não seria "pondo"? – o direito no mundo da cultura, como "pedaço de vida humana objetivada". Ele figura ao lado de outros produtos espirituais, como a ciência, a arte, a técnica e tudo o mais imaginado pelo *homo sapiens* e produzido pelo *homo faber*.[27] Essa direção prévia – sem a qual é impossível até iniciar a busca pelo direito e que se acha vagamente traçada em nossa mente –, essa rota se formou com a nossa humana vivência/experiência, como seres "imersos" ou "jogados" no mundo – o heideggeriano *Dasein* ou *ser-aí* –, cujo *existir* consiste em ir topando nas coisas e aprendendo com essas topadas.[28] Encontrado o ente jurídico como *pedaço de vida humana objetivada* imerso no mundo da cultura, no mundo das *realidades referidas a valores* – nem coisa bruta nem puro valor –, damo-nos conta de que as coisas humanas, porque dotadas de *sentido* ou *significação*, não podem ser conhecidas em sua essência, em seu *ser autêntico*, se usarmos as categorias e os métodos das

---

[27] Luís Recaséns Siches. Tratado General de *Filosofía del Derecho*. México: Porrua, 1965, p. 53 e seguintes.

[28] Hans-Georg Gadamer. A virada hermenêutica. Petrópolis:RJ, Vozes, vol. II, 207, p. 24.

ciências da natureza, como a física, a química ou a biologia, por exemplo. Afinal, todos os homens, todos nós, *somos* animais interpretativos, produtores e caçadores de significados, sem que nada se possa fazer para corrigir esse defeito congênito.[29]

Os fenômenos da natureza se conhecem na medida em que os *explicamos*, do ponto de vista da *causalidade*, ou seja, como efeito de conjunto de causas e, por sua vez, com causa de efeitos ulteriores, nada havendo mais para dizer a seu respeito. São coisas explicáveis, mas não inteligíveis, precisamente porque desprovidas de *sentido*. É possível e mesmo provável que, para Deus, a natureza tenha o sentido que Ele lhe atribuiu como seu Criador, mas isso escapa por completo ao conhecimento físico. É também possível – e isso frequentemente acontece – que uma paisagem tenha sentido para a pessoa que a contemple, mas esse sentido não pertence à paisagem natural como realidade física, em si e por si. Refere-se, antes, à vivência humana suscitada pela paisagem.[30] Já os fatos humanos, a conduta humana, assim como as obras criadas pelos homens, além das causas que as engendram, e dos efeitos que provocam, têm algo mais que não possuem os meros fatos da pura natureza: esses fatos têm *sentido*, significado ou significação.

Em síntese, como dizia Dilthey, enquanto a natureza se *explica*, o homem se *compreende*. Entende-se por

---

[29] Marcelo Dascal. Interpretação e compreensão. São Leopoldo:RS, Editora Unisinos, 2006, p.662.

[30] Luís Recaséns Siches. *Tratado General de Filosofía del Derecho*. México: Porrua, 1965, p. 110.

compreensão o ato gnosiológico de captar, por trás da materialidade das obras ou das condutas, o sentido que as anima como realidades referidas a valores ou formas significativas.

Assim, enquanto a *explicação* prossegue, sem cessar, na mesma direção assinalada por seu momento de partida (*e.g.* dos efeitos às suas causas e dessas às respectivas causas, e assim cada vez mais longe; ou do todo às suas partes e assim cada vez a algo mais simples), a *compreensão*, ao contrário, ao avançar depois da primeira referência, retorna ao ponto de partida e daqui, outra vez, ao círculo infinito, que vai do substrato ao seu sentido e vice-versa. No conhecimento por *explicação*, qualquer retrocesso na direção seguida pelo espírito cognoscente é *recomeço* que *não aumenta* o conhecimento, pois o que já foi explicado ficou totalmente conhecido, o que se perguntou à natureza, sob a forma de experimento, ela respondeu definitivamente. Na *compreensão*, diversamente, tal como ao se avançar numa circunferência volta-se, sem parar, de uma antípoda à outra, vê-se que *todo retorno em direção à etapa precedente aumenta o conhecimento por compreensão, levando-o sempre mais adiante* [31].

---

[31] Carlos Cossio. *La teoría egológica del derecho y el concepto jurídico de libertad*. Buenos Aires: Abeledo-Perrot, 1964, p. 78-79.

3
FILOSOFIA GERAL E FILOSOFIA DO DIREITO. AS QUESTÕES FUNDAMENTAIS DA FILOSOFIA E SUA FORMULAÇÃO NOS DOMÍNIOS DA FILOSOFIA DO DIREITO. ONTOLOGIA, GNOSIOLOGIA E AXIOLOGIA JURÍDICAS.

3.1 Filosofia geral e filosofia do direito.

O estudo da filosofia do direito, como o de toda filosofia particular ou especial, pressupõe algum conhecimento dos problemas fundamentais com que se defronta a filosofia geral ou filosofia *tout court*: os problemas *ontológico, gnosiológico, axiológico* e *metafísico*. Um ou muitos degraus abaixo, nossas reflexões começam pela aceitação de que as indagações básicas da filosofia do direito apenas reproduzem – *sub specie juris* – aqueles problemas maiores, aos quais os que pensam o direito procuram dar respostas consistentes e temporalmente adequadas.

Disso resulta que cada disciplina ou ramo da filosofia geral deve ou, pelo menos, pode ser espelhada, *mutatis mutandis*, em indagações da filosofia do direito - uma *ontologia*, uma *gnosiologia* e uma *axiologia* jurídicas - em cujo âmbito são discutidos, *filosoficamente*, os princípios supremos do direito e os problemas jurídicos fundamentais.

Obviamente, não se propõe, nesse domínio particular, nenhuma resposta para a indagação metafísica sobre o *ser como ser*, sobre o *ser em si*, porque, conforme adverte Cabral de Moncada, o problema *metafísico*, por sua magnitude, não pertence à Filosofia Jurídica, a qual há de ser chamada simplesmente para colaborar na sua formulação e eventual solução, no âmbito de concepção unitária metafísica da vida e do mundo — o problema do Absoluto —, onde igualmente se deve achar um lugar para o direito e para a nossa visão a seu respeito[32]. Como, de outro lado, a discussão filosófico-jurídica desses temas não os afasta das preocupações filosóficas gerais - até por envolverem questões fundamentais da existência humana -, permanecem sob o "jugo" da filosofia, como saber *radical, autônomo* e *pantônomo*, um saber universal e sem pressupostos, como o qualificou Ortega y Gasset.[33] Sujeitam-se, assim, à especulação, que se debruça sobre a *totalidade abarcante*, em busca de sua verdade última. Menos para dar respostas — sempre contingentes e transitórias — às dúvidas que suscita do que para refazer, em perspectiva historicamente adequada, as mesmas e eternas perguntas sobre o *ser*, o *conhecer* e o *valor*, em sua referência à criatura humana, até hoje "espantada", "perplexa" e "estremecida" diante daquelas indagações fundamentais.[34]

---

[32] Luiz Cabral de Moncada. Filosofia do Direito e do Estado. Coimbra: Arménio Amado, 1955, vol. I, p. 6.

[33] José Ortega y Gasset. ¿*Que es Filosofia?* In Obras Completas. Madrid: Revista de Occidente, Tomo VII, 964, p. 335-336.

[34] Karl Jaspers. Iniciação Filosófica. Lisboa: Guimarães Editores, 1987, p. 15-25.

FILOSOFIA GERAL E FILOSOFIA DO DIREITO.
AS QUESTÕES FUNDAMENTAIS DA FILOSOFIA...

Aceita essa abordagem sobre as relações entre a filosofia geral e a filosofia do direito, cumpre caracterizarmos, inicialmente, os *objetos formais* da ontologia, da gnosiologia e da axiologia jurídicas, isto é, as perspectivas ou os *pontos de vista*, necessariamente parciais, nos quais essas disciplinas filosófico-jurídicas encaram a *coisa* direito, como *objeto material*, que lhes é comum. Tudo isso para, afinal, tentarmos *re-unificar* esses enfoques parciais, em perspectiva *totalizadora*, filosófica portanto, que evidencie a *unidade essencial* da experiência jurídica como fato histórico-cultural.

Noutras palavras, *distinguir para unir*, como ensinava Maritain, ao salientar que "ninguém conhece verdadeiramente a unidade se ignora a distinção", advertência a se ter presente em todos os domínios do conhecimento humano.[35] Igual procedimento haveremos de adotar – sem perder de vista a sua unidade substancial – se quisermos "isolar", para análises específicas, os distintos fatores ou momentos da dialética experiência jurídica, porque só assim conseguiremos discriminar as diferentes *ciências do direito*, as diversas disciplinas, inclusive as de índole filosófica, que a partir de um *objeto material comum* - o direito ou a experiência jurídica em sua totalidade -, delimitam perspectivas ou campos de pesquisa cientificamente autônomos.[36] Em síntese, parte-se do uno e ao uno se retorna, mas não de forma

---

[35] Jacques Maritain. *Los Grados del Saber.* Buenos Aires: Ediciones Desclée, de Brouwer, 1947, p. 7.

[36] Miguel Reale. *Dialética da experiência jurídica*, in Anacleto de Oliveira Faria (Coord.). Textos clássicos de Filosofia do Direito. São Paulo: RT, 1981, p. 1-7.

circularmente estéril. Ao final, os resultados das indagações sobre cada *fragmento* analisado, por evidenciarem suas íntimas conexões, revelarão a *essência* do fenômeno estudado, a *consistência* de sua apreensão e o *lugar* que lhe cabe, como *objeto de conhecimento*, na tipologia dos objetos científicos em geral, isto é, no quadro das diferentes *ontologias regionais*, onde "moram" os distintos entes que intentamos conhecer/apreender.

Ilustrativamente, sobre a *coisa* direito — porque hoje *a todos* se apresenta *como* criação do homem, racionalmente produzida ou simplesmente revelada no curso da experiência social —, sobre essa coisa existe acordo em situá-la na região dos objetos *culturais*, onde "residem" as realidades *significativas* – positiva ou negativamente valiosas –, que exigem *compreensão* para se darem a conhecer. Nisso se distinguem, essencialmente, dos fenômenos da natureza, que habitam o universo físico e têm na *explicação* o método adequado ao seu conhecimento.

3.2 As questões fundamentais da filosofia do direito e sua formulação: ontologia, gnosiologia e axiologia jurídicas

Como o estudo das questões mais importantes da filosofia jurídica exige algum conhecimento – uma *pré-compreensão* – das indagações fundamentais, em perspectiva universal do âmbito filosófico, é indispensável esclarecermos, preliminarmente, ainda que em termos sumários, essas três partes da filosofia *tout court* - a *ontologia*, a *gnosiologia* e a *axiologia* -, porque assim se revelará, por via de consequência, o objeto próprio da ontologia, da gnosiologia e da axiologia *jurídicas*.

FILOSOFIA GERAL E FILOSOFIA DO DIREITO.
AS QUESTÕES FUNDAMENTAIS DA FILOSOFIA...

Com Ortega y Gasset, a filosofia é o saber *autônomo*, sem pressupostos, porque lhe cabe definir não apenas seus próprios pressupostos, mas também as condições de possibilidade do conhecimento, em geral; além de ser, também, saber *pantônomo*, porque é a Ciência do todo ou de tudo quanto possa ser objeto de conhecimento. Logo, podemos dividi-la em dois grandes capítulos: a ontologia e a gnosiologia, em cujos âmbitos se estudam, respectivamente, os *objetos* e o *conhecimento* dos objetos, ou seja, o *ser* e o *conhecer* das coisas.

Como, adicionalmente a essas duas indagações fundamentais, outra se impõe igualmente *radical*, sobre o *valor* ou o sentido último da "totalidade abarcante" de nossa existência, a filosofia compreende, também, uma terceira ordem de estudos — a teoria dos valores ou *axiologia*, em cujo domínio se procede ao "isolamento" da noção geral de valor, do valor *em si mesmo* ou como tal, para analisá-lo sob múltiplos aspectos — ontológico, gnosiológico, antropológico e teológico, por exemplo — e para formular respostas a essas perguntas, também fundamentais, sobre o que são os valores; que espécie de *ser* lhes corresponde; qual a estrutura ôntica desta classe de objetos ideais, parecidos com os números, que povoam a nossa consciência espiritual e que parecem não ser meramente subjetivos, mas têm uma objetividade própria; que espécies e categorias há de valores e qual sua hierarquia; que meios de conhecimento temos para os apreender; e, finalmente, sobre a relação deles com o homem, com a vida, com o espírito, com Deus.[37] A *radicalidade* do saber filosófico, como esclarece Ortega y Gasset,

---

[37] Luís Cabral de Moncada. *Prefácio* à Filosofia dos Valores, de Johannes Hessen. Coimbra: Arménio Amado, 1967, p. 8.

consiste em que as reflexões dos filósofos, diversamente do pensamento vulgar ou ingênuo, não se detêm na superfície da realidade, antes se aprofundam até seu âmago, na ânsia por desvelar suas estruturas fundamentais:

> Solo hay una actividad en que el hombre puede ser radical. Se trata de una actividad en que el hombre, quiera o no, no tiene más remedio que ser radical: es la filosofía. La filosofía es formalmente radicalismo porque es el esfuerzo para descubrir las raíces de lo demás, que por sí no las manifiesta, y en este sentido no las tiene. La filosofía proporciona a hombre y mundo sus defectivas raíces[38].

A pretensão da filosofia de se constituir no saber fundante de si mesmo e de todos os demais saberes – uma espécie de conhecimento *antes* do conhecimento – vem sofrendo críticas severas, sobretudo dos heideggerianos. Tais pensadores objetam que quaisquer reflexões – ingênuas ou refinadas, de carvoeiros ou de filósofos – pressupõem um prévio *estar-no-mundo*, que as antecede e condiciona.[39] Noutras palavras, embora aspire a ser um *saber primeiro*, a filosofia não parte do nada, porque, quando começa a refletir, já está investida na compreensão do ser, por intermédio do *Dasein*, que a *Analítica*, na condição de Ontologia Fundamental, investiga e revela como *ser-no-mundo*, um

---

[38] José Ortega y Gasset. *El nivel de nuestro radicalismo*, in Obras Completas. Madrid: Revista de Occidente, Tomo VIII, 1965, p. 282, e *¿Que es Filosofia?* In Obras Completas. Madrid: Revista de Occidente, Tomo VII, 1964, p. 335-336.

[39] Jürgen Habermas. Habermas *A Filosofia como guardador de lugar e como intérprete*, in Consciência Moral e Agir Comunicativo. Rio de Janeiro: Tempo Brasileiro, 1989, p. 17-35.

ser que independentemente da sua vontade é "jogado" no *aí* – como os filhotes da gata são "dados à luz" ou jogados no mundo –, mundo no qual esse ente ficará "imerso" por todo o curso da sua *existência*[40].

Por força da natureza de suas reflexões como *saber primeiro* e *radical*, a própria filosofia acaba obrigada a repelir fundamentos inconcussos ou razões inaugurais, porque descobre, ela mesma, que *não existe conhecimento absoluto no ponto de partida*.[41] Assim como a poesia épica, a filosofia começa do meio, seu início não é absoluto, porque não se desvincula de certa tradição; como a hermenêutica do *Dasein*, a filosofia já pressupõe uma situação de fato, a facticidade, por onde começa.

Essa crítica fundamental de Habermas à soberba da filosofia de insistir na pretensão de ser um conhecimento *antes* do conhecimento ou um *conhecimento do conhecimento* mostra que ela se atribui espaço entre si e as ciências do qual se vale para exercer funções de *dominação*. Ao pretender definir, de vez, os fundamentos da ciência e os limites do experimentável, a filosofia considera-se habilitada a indicar às ciências seu lugar. Mas esse papel definidor há muito

---

[40] Hans-Georg Gadamer. Hermenêutica em retrospectiva. A virada hermenêutica. Petrópolis:RJ, Vozes, 2007, p. 24.

[41] Benedito Nunes. A Filosofia Contemporânea. São Paulo: Ática, 1991, p. 100-101, e Hermenêutica e Poesia. Belo Horizonte: Editora UFMG, 1999, p. 55 e 58; Friedrich Schlegel. O Dialeto dos Fragmentos. São Paulo: Iluminuras, 1997, p. 60; Benedito Nunes. Hermenêutica e Poesia. Belo Horizonte: Editora UFMG, 1999, p. 40.

excedeu as forças da filosofia, que parece ainda não se ter dado conta disso.[42]

Demarcadas as três grandes ordens de indagações do trabalho filosófico — *ontologia*, *gnosiologia* e *axiologia* — e sabendo-se que essa tricotomia se projeta nas reflexões sobre a *coisa* direito, então podemos avançar. A ontologia jurídica delimita a parte da filosofia do direito onde se indaga a *essência* desse fenômeno; a gnosiologia jurídica é a ordem de estudos voltada à questão do *conhecer* do direito; e, finalmente, a axiologia jurídica revela-se o lugar teórico em que se discute o *valor* do direito ou o seu valer para a existência humana.

---

[42] Jürgen Habermas, *A Filosofia como guardador de lugar e como intérprete*, in Consciência Moral e Agir Comunicativo. Rio de Janeiro: Tempo Brasileiro, 1989, p. 18.

4

OS PLANOS E ÂMBITOS DO CONHECIMENTO DO DIREITO. O SER E O CONHECER DO DIREITO. AS DIVERSAS "CIÊNCIAS" DO DIREITO E A UNIDADE DO SABER JURÍDICO.

Esses recortes da realidade são procedimentos epistemológicos necessários ao estudo de qualquer fenômeno, até porque parece corresponder à natureza do real se nos apresentar em aspectos múltiplos. Nessa perspectiva, os *entes* são as diversas moradas do *ser*. Tal fragmentação do mundo não compromete, antes reforça, a unidade essencial das *coisas* estudadas, pois "ninguém conhece verdadeiramente a unidade, se ignora a distinção"[43]. Assim, devemos distinguir, nos domínios do saber jurídico, as diferentes *formas de conhecimento* do direito, como propõe Miguel Reale.

> O Direito é, por certo, um só para todos os que o estudam, havendo necessidade de que os diversos especialistas se mantenham em permanente contato, suprindo e completando as respectivas indagações, mas isto não quer

---

[43] Jacques Maritain. *Los Grados del Saber*. Buenos Aires: Ediciones Desclée, de Brouwer, 1947, p. 7.

dizer que, em sentido próprio, se possa falar numa única Ciência do Direito, a não ser dando ao termo "Ciência" a conotação genérica de "conhecimento" ou "saber", suscetível de desdobrar-se em múltiplas "formas de saber", em função dos vários "objetos" de cognição que a experiência do Direito logicamente possibilita[44].

Em conformidade com essa orientação epistemológica, o mestre do tridimensionalismo jurídico concreto apresenta-nos um "esquema ordenatório" das diferentes formas de conhecimento do direito, nos planos transcendental ou filosófico e empírico ou científico-positivo. Ele discrimina os diferentes saberes ou disciplinas que têm a *experiência jurídica* como objeto material comum, mas que se distinguem, nesses dois planos, segundo a perspectiva ou o ponto de vista adotados na apreensão do Ser do Direito.[45] Dado que *fato*, *valor* e *norma*, mais do que simples elementos, são dimensões que representam *qualidades essenciais* da experiência jurídica, pode-se dizer, novamente com Reale, que *todo conhecimento do Direito é necessariamente tridimensional*: em cada ciência particular há apenas o predomínio de pesquisa em função de uma dessas dimensões, distinguindo-se as respectivas indagações *tão-somente pelo sentido do seu desenvolvimento*. Finalmente, nessa ótica, a Ciência do Direito é disciplina de natureza *normativa*, porque suas análises se verticalizam no momento da *normatividade*, assim como a *facticidade* é o momento último da Sociologia

---

[44] Miguel Reale. *Fundamentos da concepção tridimensional do Direito*, in Revista Brasileira de Filosofia, vol. X, Fasc. IV, outubro/dezembro de 1960, p. 463.

[45] Miguel Reale. Filosofia do Direito. São Paulo: Saraiva, 1982, p. 611.

Jurídica.[46] Ainda em palavras desse jurista filósofo, dada sua coimplicação essencial em todas as formas de experiência jurídica, *fato, valor* e *norma* devem estar sempre presentes em qualquer indagação sobre o Direito, respectivamente, como momento dos outros dois fatores. Desse modo, a Sociologia Jurídica, que cuida das condições empíricas da eficácia do Direito, não pode deixar de apreciar a atualização *normativa* dos *valores* no meio social. Recebendo os valores e as normas como experiência social concreta, o sociólogo do Direito tem como meta a indagação do *fato* da efetividade dos valores consagrados em normas positivas, ao passo que o jurista considera *valor* e *fato*, em razão da *normatividade*, a qual é o seu objetivo específico. Já o filósofo do Direito, de outro lado, indaga das condições transcendental-axiológicas do processo empírico da vigência e da eficácia.[47] Trata-se de posição que, de resto, encontrou reconhecimento e receptividade entre os mais importantes jurisfilósofos contemporâneos, desde o clássico Recaséns Siches, que declara haver assumido o tridimensionalismo jurídico do saudoso jurista filósofo brasileiro, até o moderno e já consagrado Elías Díaz, que, sob o sugestivo rótulo — *a dialética concreta entre norma e decisão* — desenvolve sólidas considerações, referidas a seguir, sobre a integração

---

[46] Miguel Reale. *Fundamentos da concepção tridimensional do Direito*, in Revista Brasileira de Filosofia, vol. X, Fasc. IV, outubro/dezembro de 1960, p. 463.

[47] Miguel Reale. Filosofia do Direito. São Paulo: Saraiva, 1997, p. 610; Karl Larenz. Metodologia da Ciência do Direito. Lisboa: Gulbenkian, 2012, p. 261-270.

fático-axiológico-normativa como procedimento indispensável à compreensão integral do fenômeno jurídico.

> A possibilidade de coordenar correta e coerentemente essas três perspectivas das normas – validez, eficácia, legitimidade – a possibilidade de articular as exigências da Ciência jurídica com as da Sociologia e da Filosofia do Direito, constituirá a base desse pluralismo metodológico próprio de nosso tempo. (...) As normas aparecem, assim, como fatos dotados de certo sentido sociológico (segundo os fatores sociais de todo tipo que condicionam dita normatividade), e como fatos carregados de valores, nunca neutros ou indiferentes a eles, mas sim compreensíveis sempre em conexão com uma determinada concepção do mundo ou um sistema de legitimidade. A investigação-interpretação e a aplicação-realização do Direito deverão ter em alta conta essas dimensões presentes em toda normatividade, dimensões desde as quais se constrói e reconstrói, como crítica e dinâmica totalização, a realidade jurídica.[48] (grifos nossos).

Posta assim a questão, a *essência* do Direito apresenta três aspectos, dimensões ou momentos, embora se trate de unidade ontológica, plena e incindível, só fracionável idealmente para análise por todos quantos se dediquem à sua investigação.

Não é somente um *fato social*, nem só um conjunto de *normas* que se impõem a todos sob a ameaça de sanções socialmente organizadas. É, também, a realização, no plano histórico e social, de tábua de *valores*, que fundamentam e legitimam essa coercibilidade social.

---

[48] Elias Díaz. *Sociología y Filosofía del Derecho*. Madrid: Taurus, 1982, p. 123 (sem grifos no original).

Portanto, para que se fale em Direito, na plenitude de seu significado, é preciso que se tenha presente a *eficácia* de certas normas de comportamento, *formalizadas* segundo regras preestabelecidas, e *legitimadas* pela aderência a certos padrões de justiça ditados pela consciência social e histórica da humanidade.[49]

A partir dessa visão unitária e totalizante do fenômeno jurídico, podemos apreender o direito em três perspectivas – fática, axiológica e normativa –, que evidenciam as dimensões essenciais desse "pedaço de vida humana objetivada" que chamamos de "experiência jurídica".

---

[49] Sobre a vigência cultural desses padrões de justiça, ver Raimundo Panikar. *É a noção dos direitos do homem um conceito ocidental?* Revista *Diógenes* nº 5, Julho-Dezembro 1983. Brasília: Editora Universidade de Brasília, 1983, p. 5-28.

5
A HERMENÊUTICA COMO CIÊNCIA DE SI MESMA E A HERMENÊUTICA JURÍDICA COMO METACIÊNCIA DA CIÊNCIA DO DIREITO

Assim como a metodologia é a ciência que estuda a si mesma, porque lhe cabe definir o método adequado para se discutir a *questão do método*, a hermenêutica – como *arte geral do compreender* –, também estuda a si mesma, porque aborda o fenômeno da compreensão, em geral, apontando, desde logo, a *pré-compreensão* como *a* condição de possibilidade de toda a compreensão, tanto dos fenômenos naturais quanto dos objetos culturais ou realidades significativas. Nesse estudo de si mesmas, a hermenêutica geral e, por via de consequência, também as hermenêuticas particulares – como todas as ciências –, possuem *objeto materiais* e *pontos de vista* bem definidos, e utilizam *método* adequado ao seu afazer epistemológico, o qual, sendo *compreensivo*, é distinto, substancialmente, dos procedimentos *explicativos*, que os cientistas "exatos" adotam para conhecer a natureza.

O *objeto material* da hermenêutica jurídica é o direito positivo, criado ou reconhecido pelo Estado; seu *objeto formal* ou ponto de vista é a perspectiva — *sub specie normativitatis* — em que o hermeneuta se coloca para encarar a coisa direito; o *método*, finalmente, é o método da *compreensão*, próprio das ciências humanas, com a particularidade de que não se trata do compreender, em geral, de um entender qualquer, mas de um compreender com *função normativa*.[50]

Quanto à controvérsia sobre a cientificidade da hermenêutica jurídica, trata-se de pseudoproblema decorrente do "verdadeirismo científico", ideologia dos estudiosos da natureza, para os quais só merece o status de ciência aquela ordem de estudos que tem a *explicação* como ato gnosiológico; a *experimentação* como método de trabalho; e, como fim, descobrir e formular as *leis* que regem os fenômenos naturais. Sob essa perspectiva reducionista, portanto, estão degradadas à condição de conhecimentos de segunda categoria as chamadas Humanidades — nelas incluída a hermenêutica jurídica —, que têm como objeto material as coisas do espírito; como ato gnosiológico, a compreensão; e, por objetivo, captar e revelar as motivações e os propósitos subjacentes à conduta dos seres humanos, como seres que atuam voltados para fins e governados por valores. Karl   Larenz diz que é ociosa, porque mal colocada, a questão sobre se a interpretação jurisprudencial é "ciência" ou "arte", pois se tomarmos como base o conceito "cientificista" de ciência, a hermenêutica jurídica não pode ser considerada como ciência. É que o procedimento hermenêutico, ao contrário das

---

[50] Emilio Betti. *Teoria generale della interpretazione*. Milano: Giuffrè, vol. II, 1990, p. 802.

A HERMENÊUTICA COMO CIÊNCIA DE SI MESMA E A HERMENÊUTICA JURÍDICA COMO...

demonstrações matemáticas e das cadeias lógicas de conclusões, não é o de um pensamento que avança "linearmente", antes caminha em "passos alternados", tendo por meta o esclarecimento recíproco de um passo mediante o outro, e a confirmação ou rejeição, que dele decorre, de cada conjetura de sentido. Mais, ainda, trata-se de procedimento que requer, permanentemente, a mobilização das forças criadoras do espírito, com o objetivo de formular enunciados adequados sobre o conteúdo e o alcance das normas jurídicas. Tais enunciados, como qualquer enunciado, submetem-se à exigência de "correção", sem que o fato de, eventualmente, não serem capazes de satisfazer esta pretensão, altere nada de substancial a esse respeito. Isso porque, aqui, "correção" não significa uma verdade intemporal, mas correção para *esta* ordem jurídica e para *este* momento. Enquanto atividade conduzida "metodicamente", com o objetivo de obter resultados "corretos", a interpretação só poderá considerar-se atividade científica, quando os cultores das Humanidades se libertarem da estreiteza do conceito cientificista de ciência, que lhes causa pertinaz complexo de inferioridade teórica.[51] Não seria exagero dizer-se que a hermenêutica – como *arte geral do compreender* –, precisa hoje de um *novo Dilthey*, que consolide sua autonomia epistemológica, integrando, em síntese *superadora*, as contrapostas *explicação* e *compreensão*, sob o lema *explicar mais para compreender melhor*. [52]

---

[51] Karl Larenz. Metodologia da Ciência do Direito. Lisboa: Gulbenkian, 2012, p. 443/444.

[52] Paul Ricoeur. *Explicar e compreender,* in *Do texto à acção.* Porto: Rés, s/d, p. 164; e *Interpretação e/ou argumentação,* in *O Justo.* São Paulo: Martins Fontes, vol.1, 2008, p. 172.

6

HERMENÊUTICA CONSTITUCIONAL. CONCEITO, CARACTERÍSTICAS, MÉTODOS, PRINCÍPIOS E LIMITES DA INTERPRETAÇÃO CONSTITUCIONAL. MUTAÇÃO CONSTITUCIONAL: CONCEITO, ESPÉCIES E LIMITES.

6.1. Conceito de interpretação constitucional

Como toda interpretação jurídica, de que é a espécie mais relevante, a interpretação constitucional é a atividade que consiste em fixar o sentido das normas da lei fundamental – sejam essas normas *regras* ou *princípios* -, para resolver problemas práticos, se e quando a simples leitura dos textos não permitir, de plano, a compreensão de seu significado e de seu alcance. Noutras palavras, essa interpretação se impõe e tem início onde e quando a compreensão direta dos enunciados constitucionais já não está ao alcance da mão, provocando em seus *tradutores* sensação de estranheza ou de *mal estar hermenêutico*. Em poucas palavras, o trabalho de interpretação da Constituição tem início quando se frustra a comunicação direta com seu texto, e ele já não responde às perguntas de seus leitores.

6.2. Características da interpretação constitucional

À semelhança da levada a efeito nos outros ramos do direito, a interpretação constitucional possui as características comuns à tarefa hermenêutico-jurídica, em geral — *linguisticidade, literalidade, objetividade, necessidade, contextualidade* e *mutabilidade.*

6.2.1. Linguisticidade

É preciso entender a linguagem da norma constitucional, que há de ser comum a todos os seus destinatários – legislador, administrador, juiz e comunidade –, sob pena de se frustrarem seus objetivos. *Quem fala uma linguagem que mais ninguém fala, rigorosamente não fala* [53].

6.2.2. Literalidade

Toda interpretação de um enunciado começa pela captação/revelação do seu sentido literal. Só depois, advertido de que essa primeira leitura pode estar equivocada — porque decorrente de sua pré-compreensão, e surpreendido com o aparecimento de sentidos outros nem sequer imaginados — só então o intérprete põe em dúvida aquela compreensão inicial e se abre para entendimento diverso, em fecundo diálogo que tem início consigo mesmo, mas logo se estende à infinidade de interlocutores de seu entorno ou circunstância. Dá-se, portanto, o debate entre a consciência jurídica individual e a consciência jurídica geral, tal como interagem a língua e a fala.[54]

---

[53] Hans-Georg Gadamer. *Verdad y Método.* Salamanca: *Sígueme*, vol. II, 1994, p. 150; Verdade e Método. Petrópolis-RJ: vol. II, 2002, p. 179;

[54] Ferdinand de Saussure. *Cours de Linguistique Générale.* Paris: Payot, 1972, p. 30-31, e Curso de Linguística General. Buenos Aires: Losada, 1945, p.57.

HERMENÊUTICA CONSTITUCIONAL. CONCEITO, CARACTERÍSTICAS, MÉTODOS, PRINCÍPIOS E LIMITES...

6.2.3. *Objetividade*

Objeto da interpretação é *o feito e o falado*, não a suposta vontade ou intenção, quer do legislador, quer da lei, até porque o intérprete não é psicanalista que deva buscar, por trás das palavras do legislador, algo que eventualmente ele esteja a "esconder". Só as *intencionalidades* que se *objetivaram*, na forma em que efetivamente se *objetivaram* – em palavras com sentido – são trabalhadas pelos intérpretes e aplicadores do direito, em todos os domínios da experiência jurídica[55].

6.2.4. *Necessidade*

Toda norma, por sua condição de *síntese*, que integra e supera tensões fático-axiológicas, por interferência decisória do Poder, em dado momento da vida social, precisa ser "esclarecida", a fim de que, reconstituindo-se a sua *gênese*, possamos compreendê-la, verdadeiramente. *A natureza das coisas é o seu nascimento*[56].

6.2.5. *Contextualidade*

O "verdadeiro" sentido dos enunciados jurídicos emerge ou se define em cada situação hermenêutica. Isso significa dizer que ele só se "revela" no momento da aplicação,

---

Roland Barthes. Elementos de Semiologia. São Paulo: Cultrix, 16ª ed., 2006, p. 19.

[55] Emilio Betti. *Interpretación de la ley y de los actos jurídicos*. Madrid: *Revista de Derecho Privado*, 1975, p. 28.

[56] Giambattista Vico, *apud* Rodolfo Mondolfo. Problemas e métodos de investigação na história da filosofia. São Paulo: Mestre Jou, 1969, p. 30-31.

e que esse sentido varia continuamente, ao compasso das alterações histórico-sociais de realização do direito[57].

6.2.6. Mutabilidade

Em consequência dessa abertura ao mutante, toda interpretação é apenas *experimento em marcha*, assim como a ideia de interpretação definitiva é autocontraditória, porque a interpretação não termina nunca. Afinal, se tudo se transforma, se *ninguém se banha duas vezes no mesmo rio*, seria excrescência que só a vida do direito escapasse ao *panta rhei* da eterna transformação. Por isso, a ideia de um ponto final nesse processo, de uma interpretação *última*, encerra contradição em termos, porque toda interpretação é algo sempre a caminho, que *não tem ponto de chegada.* [58]

As *viragens de jurisprudência* atestam que, mesmo sem abrir mão dos valores da estabilidade e da segurança jurídica, que lhe são congênitos, o Direito pode alcançar o ideal de ser *estável sem ser estático e dinâmico sem ser frenético.*[59]

Afora todas essas características que comparte com as demais espécies de hermenêutica jurídica, a interpretação constitucional tem a singularidade de trabalhar, essencialmente, com princípios, ao invés de regras, ou seja, com textos de maior abertura semântica ou com *excesso de significados*. Daí resulta naturalmente ampliada a criatividade de seus operadores.

---

[57] Miguel Reale. *Gênese e vida dos modelos jurídicos - problemas de semântica jurídica*, in O Direito Como Experiência. São Paulo: Saraiva, 1968, p.209/218

[58] Hans-Georg Gadamer. A razão na época da ciência. Rio de Janeiro: Tempo Brasileiro, 1983, p. 71.

[59] Miguel Reale. *A dinâmica do Direito numa sociedade em mudança*, in Estudos de Filosofia e Ciência do Direito. São Paulo: Saraiva, 1978, p. 52.

HERMENÊUTICA CONSTITUCIONAL. CONCEITO, CARACTERÍSTICAS, MÉTODOS, PRINCÍPIOS E LIMITES...

6.3. Métodos da interpretação constitucional

Com apoio em Canotilho, para quem a questão do "método justo", em direito constitucional, é um dos problemas mais controvertidos e difíceis da moderna doutrina juspublicística, devemos enfatizar que, atualmente, a interpretação das normas constitucionais é um *conjunto de métodos e de princípios*, desenvolvidos pela doutrina e pela jurisprudência com base em critérios ou premissas — filosóficas, metodológicas, epistemológicas — diferentes mas, em geral, reciprocamente complementares, a confirmar o assinalado caráter *unitário* da atividade interpretativa.

Em razão dessa variedade de meios hermenêuticos e do modo, até certo ponto, desordenado, como utilizados por seus operadores, os primeiros e grandes problemas dos intérpretes/aplicadores da Constituição parecem residir, de um lado e paradoxalmente, na riqueza desse repertório de possibilidades e, de outro, na inexistência de critérios para validar a escolha de seus instrumentos de trabalho ou para resolver os eventuais conflitos entre tais instrumentos, seja em função dos *casos* a decidir, das *normas* a manejar ou até dos *objetivos* que pretendam alcançar em dada situação hermenêutica. Tudo somado aponta para a necessidade de complementações e restrições recíprocas, de um ir e vir ou balançar de olhos entre objeto e método, tendo como eixo o valor *justiça*, em permanente configuração[60].

---

[60] Ver Giuseppe Zaccaria. Razão jurídica e interpretación. Madrid: Civitas, 2004, p. 129-130.

Não por acaso, Gustavo Zagrebelsky afirma que a literatura e jurisprudência carecem de uma teoria dos métodos interpretativos da Constituição, que nos esclareça se é possível e mesmo necessário adotar um método previamente estabelecido ou uma ordem metodológica concreta. Eis aí um dado de realidade que, se não configura lacuna inexplicável, por certo reflete a consciência de que não tem maior significado nos aproximarmos da interpretação por meio de seus métodos[61], ainda que a palavra *método* signifique o caminho a ser percorrido para se alcançar a verdade.

Desprovidos de teoria que lhes dê sustentação e consistência na seleção dos métodos que organizem seu acesso à constituição — um panorama "desolador"[62] — os intérpretes/aplicadores acabam escolhendo esses instrumentos ao sabor de sentimentos e intuições, critérios que talvez lhes pacifiquem a consciência, mas certamente nada nos dirão sobre a racionalidade dessas opções. Insista-se com Giuseppe Zaccaria, o *método* não pode explicar *a eleição do método*[63].

Afinal de contas — para ficarmos apenas no âmbito das *leituras* da Lei Fundamental — o que significam, objetivamente, expressões como *unidade da Constituição, concordância prática, interpretação conforme, exatidão funcional* ou *máxima efetividade,* com que se rotulam os princípios da

---

[61] Gustavo Zagrebelsky. *La Corte Constitucional y la interpretación de la Constitución,* in *División de poderes e interpretación: hacia una teoria de la praxis constitucional.* Madrid: Tecnos, 1987, p. 171.

[62] Raúl Canosa Usera. Interpretación constitucional y fórmula política. Madrid: Centro de Estudios Constitucionales, 1988, p. 138.

[63] Giuseppe Zaccaria. Razão jurídica e interpretación. Madrid: Civitas, 2004, p. 337.

interpretação constitucional, se essas locuções, também elas, sujeitam-se a contradições e conflitos de interpretação?[64]

A que resultados, minimamente controláveis, poderemos chegar partindo de métodos bastante assemelhados e cujos nomes, um tanto esotéricos – *tópico-problemático, hermenêutico-concretizador, científico-espiritual* ou *normativo-estruturante*, por exemplo –, mais confundem do que orientam os que adentram o labirinto da sua utilização?

Como aplicar, com um mínimo de segurança, o tão decantado e multifuncional princípio da *proporcionalidade* ou da *razoabilidade*[65], essa espécie de *vara de condão*, de que se valem as cortes constitucionais – e não apenas elas –, para operar milagres que espantariam agnósticos, crentes e ateus? Como usar, enfim, a velha tópica jurídica, se não existe acordo nem mesmo sobre o que significam seus *topoi*, e se todos os que dela se utilizam o fazem, na exata medida em que, para qualquer problema, essa vetusta senhora fornece enunciados ao gosto do freguês [66]?

---

[64] Carlos Santiago Nino. *Fundamentos de derecho constitucional.* Buenos Aires: Astrea, 1992, p. 84, 104 e 106; Herbert L. A. Hart. O conceito de direito. Lisboa: Gulbenkian, 2007, 139.

[65] Xavier Philippe. *Le contrôle de proportionnalité dans les jurisprudences constitutionnelle et admisnistrative françaises.* Paris: Economica Presses Universitaires D'Aix-Marseille, 1990; Georges Xynopoulos. *Le contrôle de proportionnalité dans le contentieux de la constitutionnalité et de la legalité en France, Allemagne et Angleterre.* Paris: LGDJ, 1995; e Adele Anzon *et al. Il principio di ragionevolezza nella giurisprudenza della Corte Costituzionale:* riferimenti comparatistici. Milano: Giuffrè, 1994.

[66] Theodor Viehweg. Tópica y jurisprudencia. Madrid: Taurus, 1964, e *Tópica y filosofía del derecho.* Barcelona: Gedisa, 1991; Juan Antonio Garcia Amado. *Teorías de la tópica jurídica.* Madrid: Civitas, 1988, p. 119-138; e José Luis Villar Palasí. *La interpretación y los apotegmas jurídico-lógicos.* Madrid: Tecnos, 1975, p. 151.

Apesar de todas essas incertezas, autores existem, hoje em maioria, que enaltecem as virtudes dessa riqueza instrumental. Argumentam que, em face da extrema complexidade do trabalho hermenêutico, todo pluralismo é saudável; não se constitui em obstáculo, antes colabora, para o conhecimento da verdade; e, *racionalmente* aproveitado, em vez de embaraçar os operadores jurídicos, amplia seu horizonte de compreensão e facilita-lhes a tarefa de concretizar o direito.[67] Nessa perspectiva, não passaria de romantismo a ideia de um simplificador "retorno a Savigny", cujos *elementos* ou *métodos* de interpretação, certamente, seriam insuficientes para *decifrar* realidade jurídica que vai se tornando cada vez mais complexa[68].

Por tudo isso, talvez se devesse reconhecer, sem constrangimentos lógicos ou axiológicos, que, a serviço do direito, tanto os fins parecem justificar os meios, quanto os meios justificar os fins, embora ninguém possa dizer, em sã consciência, qual deles deva ter precedência, nem como são manipulados pelos sujeitos da interpretação.

Com essas considerações, que servem de advertência sobre as dificuldades da interpretação constitucional, passemos ao exame dos principais métodos que a balizam. Seu manejo, nem sempre consciente, reflete a conexão recíproca e constante entre objeto e método; no caso, entre os diferentes conceitos de constituição, de um lado, e os distintos

---

[67] Arthur Kaufmann. *Filosofia del derecho*. Bogotá: Universidad Externado de Colombia, 1999, p. 104 e 519.

[68] Giuseppe Zaccaria. *Razão jurídica e interpretación*. Madrid: Civitas, 2004, p. 337.

HERMENÊUTICA CONSTITUCIONAL. CONCEITO,
CARACTERÍSTICAS, MÉTODOS, PRINCÍPIOS E LIMITES...

métodos da hermenêutica constitucional, de outro.[69] Afinal, como ensina Gadamer, relembrando Aristóteles, "é o *próprio objeto* que deve determinar o método adequado para investigá-lo" [70].

Os *métodos* de que se utilizam os intérpretes e aplicadores da Constituição, tal como recenseados, entre outros, por Böckenförde e Canotilho[71], são fundamentalmente o método *jurídico* ou *hermenêutico-clássico*; o *tópico-problemático*; o *hermenêutico-concretizador*; o *científico-espiritual*; e o *normativo-estruturante*, cujos traços mais significativos resumiremos. Adiantamos que todos eles, embora disponham de nomes próprios, em rigor não constituem abordagens hermenêuticas autônomas, mas simples especificações, no âmbito do direito constitucional, do método da *compreensão* como ato gnosiológico comum a todas as ciências do espírito, entre elas o direito.[72]

---

[69] Ernst-Wolfgang Böckenförde. Escritos sobre derechos fundamentales. Baden-Baden: Nomos Verlagsgesellschaft, 1993, p. 37.

[70] 56 Hans-Georg Gadamer. *Le probléme de la conscience historique*. Paris, Seuil, 1996, p. 29; O problema da consciência histórica. Rio de Janeiro: FVG, 1998, p. 21.

[71] Ernst-Wolfgang Böckenförde. Escritos sobre derechos fundamentales. Baden-Baden: Nomos Verlagsgesellschaft, 1993, p. 13-35; J. J. Gomes Canotilho. Direito constitucional e teoria da Constituição. Coimbra: Almedina, 1998, p. 1084-1087.

[72] Wilhelm Dilthey. *Introducción a las ciencias del espíritu*. Madrid: Revista de Occidente, 1956, e *Crítica de la razón histórica*. Barcelona: Ediciones Península, 1986; Ernst Cassirer. *Las ciencias de la cultura*. México: Fondo de Cultura Económica, 1982; e A. L. Machado Neto. Problemas filosóficos das ciências humanas. Brasília: Editora da UnB, 1966.

6.3.1. *Método jurídico ou hermenêutico-clássico*

Para os adeptos desse método, a despeito da posição que ocupa na estrutura do ordenamento jurídico, a que serve de fundamento e fator de integração, a constituição essencialmente é uma *lei* e, como tal, há de ser interpretada segundo as regras tradicionais da hermenêutica jurídica. Elas articulam-se e complementam-se, para *revelar* o sentido da norma, com os elementos genético, filológico, lógico, histórico e teleológico, tal como levados em conta na interpretação das leis, em geral.

Desconsiderado o caráter *legal* da constituição e rejeitados os *métodos* tradicionais de interpretação desenvolvidos por Savigny – os únicos que, para Forsthoff, lhe preservavam o conteúdo normativo e impedem sua dissolução em considerações valorativas —, a constituição estaria sujeita a modificações subterrâneas, de viés interpretativo, que lhe ofenderiam o texto, o qual não contempla esse tipo de alteração; comprometeriam a sua finalidade estabilizadora, avessa a oscilações hermenêuticas; e, afinal, transformariam o Estado de Direito num Estado Judiciário, em que o juiz, em vez de servo, faz-se "senhor da Constituição" [73].

Por tudo isso, para os críticos da autonomia da interpretação constitucional, eventual particularidade da constituição – o que admitem, em linha de princípio –, seria, quando muito, apenas um fator adicional, a ser considerado na *exegese* do texto e na *construção* do sistema. Jamais um

---

[73] Ernst Forsthoff, *apud* Juan Antonio García Amado. *Teorías de la tópica jurídica*. Madrid: Civitas, 1988, p. 278-279; Karl Larenz. Metodologia da Ciência do Direito. Lisboa: Gulbenkian, 1989, p. 436.

HERMENÊUTICA CONSTITUCIONAL. CONCEITO, CARACTERÍSTICAS, MÉTODOS, PRINCÍPIOS E LIMITES...

motivo para que o manejo de suas normas se afaste dos métodos clássicos de interpretação.[74]

Trata-se de concepção hermenêutica baseada na ideia de *verdade como conformidade* ou, se quisermos, na crença metafísico-jurídica de que toda norma possui um sentido *em si*, seja aquele que o legislador pretendeu atribuir-lhe (*mens legislatoris*), seja o que, afinal e à revelia dele, acabou emergindo do texto (*mens legis*). Por isso, a tarefa do intérprete, como *aplicador* do direito, resumir-se-ia a descobrir o *verdadeiro* significado das normas e guiar-se por ele em sua aplicação[75].

Os adeptos do método clássico não duvidam das condições de possibilidade dessa descoberta nem sobre o papel do intérprete nesse acontecimento hermenêutico. Tampouco questionam a inevitável criatividade do intérprete como agente redutor da distância entre a generalidade da norma e a singularidade do caso a decidir. Subjacente a tudo está a ideologia da separação de poderes, em sentido forte, a cuja

---

[74] Tomando posição nessa polêmica, Karl Larenz diz não ver fundamento bastante para não se aplicarem, pelo menos em tese, os princípios interpretativos gerais à exegese constitucional, pois a Constituição, enquanto lei — assim como as outras leis, que são redigidas na maior parte em linguagem corrente —, é uma obra de linguagem e, por isso, carece de interpretação, do mesmo modo que as proposições nela contidas têm o caráter de normas, embora com efeito vinculativo mais vigoroso do que o das demais leis (Metodologia da Ciência do Direito. Lisboa: Gulbenkian, 1989, p. 438).

[75] Para uma crítica dessa postura ontognosiológica e seus reflexos na compreensão do direito, ver, entre outros, Lenio Luiz Streck. Hermenêutica jurídica e(m) crise. Porto Alegre: Livraria do Advogado, 2001, p. 173-225, e Jurisdição constitucional e hermenêutica. Porto Alegre: Livraria do Advogado, 2002, p. 49-51. Sobre o conceito de crença como *evidência não refletida*, ver José Ortega y Gasset. *Ideas y creencias*, in Obras completas. Madrid: Revista de Occidente, Tomo. 5, 1964, p. 383-394.

48 INOCÊNCIO MÁRTIRES COELHO

luz o legislador é o soberano e o juiz, um ente inanimado, que apenas pronuncia as palavras da lei. [76]

6.3.2. Método tópico-problemático

Em contraposição a esse ponto de vista clássico, destaca-se modernamente que a constituição é sistema *aberto* de regras e de princípios, isto é, ela admite/exige distintas e cambiantes interpretações[77]; que um problema é toda questão que, aparentemente, permite *mais de uma resposta*; e que, afinal, a tópica é a técnica do pensamento *problemático*.[78] Daí que os instrumentos hermenêuticos tradicionais não resolvem as *aporias* emergentes da interpretação *concretizadora* desse novo modelo constitucional e, por isso mesmo, o método *tópico-problemático* representa, se não o único, pelo menos, o mais adequado dos caminhos para se *chegar* até a constituição.

Em palavras de Böckenförde, o caráter fragmentário e, não raro, indeterminado da constituição, torna natural o uso do método tópico orientado ao problema, até para remediar a insuficiência das regras clássicas de interpretação

---

[76] Montesquieu, *De l'esprit des lois, in Oeuvres complètes* de Montesquieu. Paris: Chez Lefrèvre, vol. 1, 1859, p. 196, e Do espírito das leis. São Paulo: São Paulo: Difusão Europeia do Livro, v. 1, 1962, p. 187; C. Marx e F. Engels. *La ideología alemana, in Obras escogidas*, Moscou: Editora Progreso, 1974, vol. 1, p. 45, e A ideologia alemã. São Paulo: Hucitec, 1987, p. 72; e Luís Prieto *Sanchís, Ideología e interpretación jurídica*. Madrid: Tecnos, 1993, p. 13.

[77] J. J. Gomes Canotilho. Direito constitucional e teoria da Constituição. Coimbra: Almedina, 1998, p. 1033; Pablo Lucas Verdú. *La Constitución abierta y sus "enemigos"*. Madrid: Universidad Complutense de Madrid: Ediciones Beramar, 1993; Francisco Javier Díaz Revorio. *La Constitución como orden abierto*. Madrid: McGraw-Hill, 1997.

[78] Theodor Viehweg. *Tópica y jurisprudencia*. Madrid: Taurus, 1964, p. 49-50.

HERMENÊUTICA CONSTITUCIONAL. CONCEITO, CARACTERÍSTICAS, MÉTODOS, PRINCÍPIOS E LIMITES...

e evitar o *non liquet*, que já não é possível pela existência da jurisdição constitucional.[79]

Como a interpretação jurídica é tarefa essencialmente *prática* – nesse domínio, compreender sempre foi, também, aplicar [80] –, e como as normas constitucionais têm estrutura *aberta, fragmentária* e *indeterminada*, sua efetivação exige, necessariamente, o protagonismo dos intérpretes/aplicadores, transformando a *leitura* constitucional em *processo aberto de argumentação*, do qual participam, igualmente legitimados, todos os operadores da constituição.

Em suma, graças à abertura textual e material dos seus enunciados e ao pluralismo axiológico, que lhe são congênitos, a constituição – como objeto hermenêutico – mostra-se muito mais *problemática* do que *sistemática*. Por isso, aponta-se para a necessidade de interpretá-la *dialogicamente* e aceitar, como igualmente válidos, até serem vencidos pelo melhor argumento, todos os *topoi* ou *fórmulas de busca* que, racionalmente, forem trazidos a confronto pela comunidade hermenêutica.

Por esse caminho, ademais, as contendas políticas são absorvidas e transformadas em simples *conflitos de interpretação*, com o que, tudo somado, resguarda-se a constituição

---

[79] Para um exame mais profundo da correlação entre objeto e ato interpretativo e suas implicações na hermenêutica jurídica, em geral, ver os Ensaios de Miguel Reale *Colocação do problema filosófico da interpretação do direito e problemas de hermenêutica jurídica*, insertos em O direito como experiência. São Paulo: Saraiva, 2002, p. 227-233 e 235-259.

[80] Hans-Georg Gadamer. *Verdad y método*. Salamanca: Sígueme, v. 1, p. 380, 396, 400 e 401; e Antonio Osuna Fernández-Largo. *La hermenéutica jurídica de Hans-Georg Gadamer*. Valladolid: 1992, p. 107-108.

contra inconformismos autoritários, pois todo aquele que participa do debate hermenêutico *em torno* da constituição, ao menos moralmente sente-se obrigado a respeitar seu resultado, em vez de se voltar contra o objeto da interpretação[81].

Outro não é, aliás, o propósito de Peter Häberle quando afirma – em aberto conflito com Forsthoff [82] –, que se deve *abrir* a sociedade dos intérpretes da constituição, para que sua leitura, até hoje restrita às instâncias oficiais, faça-se em perspectiva pública e republicana. Afinal, quem "vive" a norma acaba por interpretá-la ou, pelo menos, cointerpretá-la, e toda atualização da constituição, por meio de qualquer indivíduo, representa, ainda que parcialmente, interpretação constitucional antecipada [83].

---

[81] Ver, a propósito, esta instigante observação de Paul Ricoeur: "Perante o tribunal, a plurivocidade comum aos textos e às acções é trazida à luz do dia sob a forma de um conflito das interpretações". (Do texto à acção. Porto: RÉS, s.d., p. 206). Ver, também, Ronald Dworkin. O império do direito. São Paulo: Martins Fontes, 1999, p. 110; J. J. Gomes Canotilho. Direito constitucional e teoria da Constituição. Coimbra: Almedina, 1998, p. 1085-1086; e Theodor Viehweg. *Tópica y filosofía del derecho*. Barcelona: Gedisa, 1991, p. 180.

[82] Karl Larenz. Metodologia da Ciência do Direito. Lisboa: Gulbenkian, 1989, p. 437.

[83] Peter Häberle. Hermenêutica constitucional. A sociedade aberta dos intérpretes da Constituição: contribuição para a interpretação pluralista e "procedimental" da Constituição. Porto Alegre: Sergio Antonio Fabris Editor, 1997, e *El Estado constitucional*. México: Unam, 2001, p. 149-162. Ver, também, o nosso estudo *as ideias de Peter Häberle e a abertura da interpretação constitucional no direito brasileiro*, in Revista de Informação Legislativa, Brasília, ano 35, n. 137, jan./mar. 1998.

HERMENÊUTICA CONSTITUCIONAL. CONCEITO, CARACTERÍSTICAS, MÉTODOS, PRINCÍPIOS E LIMITES...

6.3.3. *Método hermenêutico-concretizador*

O ponto de partida dos que recomendam essa postura hermenêutica, de resto pouco diferente do método tópico-problemático, é a constatação de que a leitura de qualquer texto normativo, inclusive constitucional, começa pela *pré-compreensão* do intérprete/aplicador, a quem compete *concretizar* a norma, a partir de dada situação histórica, que outra coisa não é senão o ambiente em que o problema é posto a exame, para que o intérprete o resolva *à luz da Constituição* e não segundo critérios pessoais de justiça.

Destarte, embora prestigiando o procedimento tópico orientado ao problema, os adeptos do método hermenêutico-concretizador procuram ancorar a interpretação *no próprio texto constitucional* – como limite da concretização –, mas sem perder de vista a realidade que ele intenta regular e, afinal, lhe esclarece o sentido. Noutras palavras, trata-se de postura que encontra apoio, entre outras, nas seguintes *descobertas* hermenêuticas de Gadamer: *interpretar sempre foi, também, aplicar; aplicar o direito significa pensar, conjuntamente, o caso e a lei, de tal maneira que o direito propriamente dito se concretize;* e, afinal, *o sentido de algo geral, de uma norma, por exemplo, só pode ser justificado e determinado, realmente, na concretização e por meio dela.*[84]

Em que pese a importância dessa base filosófica, reconheça-se a grande dificuldade de se produzirem resultados razoavelmente consistentes com essa proposta hermenêutica, porque a pré-compreensão do intérprete sempre distorce

---

[84] Hans-Georg Gadamer. *Verdad y método.* Salamanca: Sígueme, v. 1, p. 380, 396 e 401, e A razão na época da ciência. Rio de Janeiro: Tempo Brasileiro, 1983, p. 51-52.

não somente a realidade, que ele deve captar pela lente da norma, mas também o próprio sentido da norma constitucional, de si multívoco. Afinal, cuida-se de sentido que ele deve apurar no incessante balançar de olhos entre o substrato e o sentido, nesse *ir e vir* que singulariza a dialética da compreensão como ato gnosiológico próprio das ciências do espírito.

Mesmo assim, acreditam seus adeptos, se corretamente utilizado, esse método ensejará *concretizações* minimamente controláveis, nas quais se evidenciam tanto as dimensões objetivas da atividade hermenêutica, emergentes do problema a resolver, quanto seus aspectos subjetivos, traduzidos na pré-compreensão do intérprete da norma e da situação normada.

Considerando, entretanto, que toda pré-compreensão possui algo de *irracional*, apesar de seus esforços, os que defendem esse método, assim como os adeptos do processo tópico-problemático, ficam a dever a seus críticos algum *critério de verdade* que lhes avalize as interpretações. De nada vale, para quitar essa dívida, apelarem a uma imprecisa e mal definida *verdade hermenêutica*, que pode ser muito atraente como ideia, mas pouco nos diz sobre os alicerces dessa construção argumentativa.

6.3.4. *Método científico-espiritual*

Como toda direção hermenêutico-constitucional, também essa corrente pressupõe determinada ideia de constituição, um conceito que seus adeptos adotam como fundamento e ponto de partida para definir o método que reputam adequado ao compreender constitucional.

Pois bem, a sustentação material do método científico-espiritual está na ideia de constituição como instrumento de *integração*, em sentido amplo. Ela funciona não apenas do ponto de vista jurídico-formal como norma--suporte e fundamento de validade do ordenamento, segundo o entendimento kelseniano, por exemplo, mas também – e principalmente –, em perspectiva política e sociológica, como instrumento de regulação (= absorção/superação) de conflitos e, assim, de construção e de preservação da unidade social[85].

Daí nos dizer Smend, a mais expressiva figura dessa escola, que a constituição é a ordenação jurídica do Estado ou da dinâmica vital em que se desenvolve a vida estatal. Ela é o travejamento normativo de seu processo de integração, muito embora – esclarece esse publicista – o Estado não limite sua "vida" somente àqueles momentos da realidade contemplados pela Constituição. Assim como existem *espaços livres do direito*[86] e *direito sem Estado*[87], haveria, igualmente, *espaços do Estado não alcançados pela normatividade constitucional*. Eis aí afirmação, no mínimo, polêmica, se tivermos em conta, como ensina Häberle, que, se todo o poder do Estado provém dos cidadãos, que se *encontram* na comunidade, não restaria espaço para poder estatal extra

---

[85] Hans Kelsen. México: Unam, *Teoría General de Derecho y del Estado*. México: Unam, 1969, p. 135-136; Konrad Hesse. Elementos de direito constitucional da República Federal da Alemanha. Porto Alegre, Sergio Antonio Fabris Editor, 1998, p. 29-37.

[86] Karl Larenz. Metodologia da Ciência do Direito. Lisboa: Gulbenkian, 1989, p. 449-455.

[87] Laurent Cohen-Tanugi. *Le droit sans l'Etat*. Paris: PUF, 1985.

ou pré-constitucional. A Constituição deve ser concebida como *prévia* ao Estado, apesar da importância que este possa ter e/ou conservar após sua institucionalização.[88]

Ainda que se deva considerá-lo sempre realidade juridicamente conformada, nem por isso podemos reduzir o Estado a totalidade imóvel, cuja única expressão externa consistiria em promulgar leis, celebrar tratados, prolatar sentenças ou praticar atos administrativos. Muito pelo contrário, ele há de ser visto, igualmente, como fenômeno ideal ou espiritual em permanente configuração, no âmbito de processo valorável como progresso ou como deformação, pouco importa, até porque isso é de sua natureza.

Noutras palavras, o Estado é realidade – e assim deve ser considerado – que só existe e se desenvolve por conta dessa revivescência contínua, desse *plebiscito diário*, na imagem feliz de que se utilizou Renan para explicar o surgimento e a continuidade das nações[89], e que o próprio Smend revalorizou, quando disse que também a vida do Estado, como associação dos indivíduos que a ele se vinculam juridicamente, depende dessa eterna *renovação de votos*, desse permanente desejo de coesão.[90]

Quanto à Constituição, observa Smend que muito embora a sua peculiaridade jurídica resida, principalmente, na forma como articula os órgãos políticos do Estado, não é

---

[88] Peter Häberle. *El Estado constitucional.* México: Unam, 2001, p. 19-20.

[89] Ernest Renan, *Qu'est-ce qu'une nation?* In Discours et Conférences, Paris: Calmann-Lévy, s./d., p. 307.

[90] Rudolf Smend. *Constitución y derecho constitucional.* Madrid: Centro de Estudios Constitucionales, 1985, p. 62-63 e 132.

HERMENÊUTICA CONSTITUCIONAL. CONCEITO, CARACTERÍSTICAS, MÉTODOS, PRINCÍPIOS E LIMITES...

possível analisar tal peculiaridade apenas detalhando seu catálogo de competências nem avaliando, em perspectiva estritamente jurídico-formal, as relações estabelecidas entre os diferentes órgãos da soberania. É preciso examinar, também, o peso específico que a própria constituição – como norma de caráter essencialmente *político*[91] –, reconhece a cada um desses órgãos, com vistas ao processo global de integração, e não segundo as funções burocráticas que, eventualmente, possam desempenhar, em certo modelo de distribuição de competências.

Por tudo isso, arremata o mesmo publicista, essa combinação específica dos órgãos não constitui simples repartição de poderes, de maior ou menor alcance, mas repartição de participações, de índole bem diferente, no âmbito do sistema integrativo em que afinal se constitui o Estado[92].

De outra parte, sendo o direito constitucional a positivação das possibilidades e funções próprias do mundo do espírito – um conjunto de normas que só se compreendem com referência a essas mesmas realidades espirituais, as quais, por seu turno, só se realizam, de forma plena e continuada, por força dessa positivação –, por tudo isso, não deve o intérprete encarar a constituição como momento estático e permanente da vida do Estado, e sim como algo dinâmico, que se renova continuamente, ao compasso das

---

[91] Rudolf Smend. *Constitución y derecho constitucional*. Madrid: Centro de Estudios Constitucionales, 1985, p. 197.

[92] Rudolf Smend. *Constitución y derecho constitucional*. Madrid: Centro de Estudios Constitucionales, 1985, p. 214-215.

transformações, igualmente constantes, da própria realidade que suas normas intentam regular.[93]

A essa luz, portanto, em que aparece como instrumento ordenador da totalidade da vida do Estado, de seu processo de integração e, também, da própria dinâmica social, a constituição não apenas permite, como também exige, interpretação extensiva e flexível, em larga medida diferente das outras formas de interpretação jurídica, sem necessidade de que seu texto contenha qualquer ordenação nesse sentido.

Pelo contrário, é da natureza das constituições abarcar seus objetos de modo simplesmente esquemático, deixando livre o caminho para que a própria experiência opere a integração dos variados impulsos e motivações sociais, de que se nutrem tanto a dinâmica política quanto, especificamente, a dinâmica constitucional. Daí se caracterizarem os enunciados constitucionais – nisso bem diferentes dos enunciados legais – precisamente pela sua elasticidade e capacidade de autotransformação, de regeneração e de preenchimento das próprias lacunas.[94]

Em síntese, para os adeptos do método científico-espiritual – que é o das ciências da cultura, em geral – o Direito, o Estado e a Constituição são fenômenos *culturais* ou fatos referidos a valores[95], a cuja realização servem de instrumento.

---

[93] Rudolf Smend. *Constitución y derecho constitucional*. Madrid: Centro de Estudios Constitucionales, 1985, p. 66 e 201.

[94] Rudolf Smend. *Constitución y derecho constitucional*. Madrid: Centro de Estudios Constitucionales, 1985, p. 133-134.

[95] Gustavo Radbruch. *Filosofia do direito*. Coimbra: Arménio Amado, vol. 1, 1961, p. 50.

HERMENÊUTICA CONSTITUCIONAL. CONCEITO,
CARACTERÍSTICAS, MÉTODOS, PRINCÍPIOS E LIMITES...

Entre tais valores, emerge a *integração* como o fim supremo, a ser buscado por toda a comunidade, ainda que, no limite, como advertem seus críticos, esse integracionismo absoluto possa degradar o indivíduo à triste condição de peça – indiferenciada e sem relevo –, da gigantesca engrenagem social.

Por tudo isso, impõe-se *compensar* os excessos integracionistas afirmando e reafirmando a *dignidade humana* como premissa antropológico-cultural do Estado de Direito e valor fundante de toda a experiência ética.[96]

6.3.5. *Método normativo-estruturante*

Formulado e desenvolvido em plena vigência das ideias de Heidegger e Gadamer – para este interpretar sempre é *aplicar*, e a tarefa da interpretação consiste em *concretizar* a lei em cada caso, ou seja, em sua *aplicação*[97] –, o método *normativo-estruturante* parte da premissa de que existe implicação necessária entre o *programa* normativo e o *âmbito* normativo, entre os preceitos jurídicos e a realidade que pretendem regular. Essa vinculação é tão estreita, que a própria *normatividade*, tradicionalmente vista como atributo essencial dos comandos jurídicos, parece ter-se evadido dos textos para buscar apoio fora do ordenamento e, assim, tornar eficazes os seus propósitos normalizadores.

---

[96] Peter Häberle. *El Estado constitucional*. México: Unam, 2001, p. 169 e seguintes; Miguel Reale. *Pluralismo e liberdade*. São Paulo: Saraiva, 1963, p. 70-74, Filosofia do direito. São Paulo: Saraiva, 1982, p. 211-214, e *Fontes e modelos do direito – para um novo paradigma hermenêiutico*. São Paulo: Saraiva, 1994, p. 114.

[97] Hans-Georg Gadamer. *Verdade e método*. Petrópolis-RJ: vol. 1, 1997, p. 489.

Nesse sentido, ao discorrer sobre a *normatividade*, a *norma* e o *texto* da norma, Friedrich Müller dirá que a *normatividade* – pertencente à norma segundo o entendimento veiculado pela tradição –, não é produzida por seu texto, antes resulta de dados extralinguísticos de tipo estatal-social; do funcionamento efetivo e da atualidade efetiva do ordenamento constitucional, em face de motivações empíricas em sua área de atuação; de fatores, enfim, que, mesmo se o quiséssemos, não teríamos como fixar no texto da norma, no sentido de sua pertinência.

Mais ainda, continua Müller, não é o teor literal de uma norma (constitucional) que efetivamente regulamenta o caso concreto, mas sim o órgão legislativo; o órgão governamental; o funcionário da administração pública; os juízes e tribunais, enfim, todos aqueles que elaboram, publicam e fundamentam a decisão reguladora do caso, providenciando, quando necessário, sua implementação fática, sempre de conformidade com o fio condutor da formulação linguística dessa norma (constitucional), e com outros instrumentos metódicos auxiliares de sua concretização.

Mas não apenas isso comprova a não identidade entre norma e texto da norma, a não vinculação da normatividade ao teor literal fixado e publicado com autoridade. Essa não coincidência, anota Müller, evidencia-se, também, pelo *direito consuetudinário*, cuja qualidade jurídica não se questiona pelo fato de não se apresentar sob a forma de textos emanados de qualquer autoridade.

Além disso, conclui esse emérito constitucionalista, mesmo no âmbito do direito vigente, a normatividade manifestada em decisões práticas não se orienta, linguisticamente, apenas pelo texto da norma jurídica concretizada; ao contrário, todas as decisões são elaboradas com a ajuda de materiais legais, de manuais didáticos, de comentários e estudos monográficos, de precedentes e de subsídios do direito comparado, quer dizer, com ajuda de numerosos textos, que não são nem poderiam ser idênticos ao teor literal da norma e mesmo o transcendem.[98]

Dessa forma, na tarefa de *concretizar* a Constituição – porque, nesse domínio, pela estrutura aberta e indeterminada dos preceitos constitucionais, a interpretação, retrospectiva, cedeu lugar à prospectiva *concretização*[99] –, o aplicador do direito, para fazer justiça à complexidade e à magnitude de sua tarefa, deverá considerar não apenas os elementos resultantes da interpretação do *programa* normativo, expresso pelo texto da norma, mas também os decorrentes da investigação de seu *âmbito* normativo. Tais elementos igualmente pertencem à norma, e com a mesma hierarquia, pois representam o pedaço da realidade social que o programa normativo "escolheu" ou, em parte, criou para si, como espaço de regulação. Em síntese, no dizer de Müller, o teor literal de qualquer prescrição de direito positivo é apenas a

---

[98] Friedrich Müller. Métodos de trabalho do direito constitucional. Porto Alegre: Síntese, 1999, p. 45-46 e 48.

[99] Resumindo as diferenças entre interpretação e concretização, Ernst-Wolfgang Böckenförde afirma que a *interpretação* é indagação sobre o conteúdo e o sentido de algo precedente que, desse modo e na medida do possível, se completa e diferencia enquanto tem enriquecido o seu conteúdo; a *concretização* é o preenchimento (criativo) de algo que simplesmente aponta para uma direção, ou o princípio, que permanece aberto e que precisa, antes de tudo, de uma predeterminação conformadora para tornar--se norma aplicável. *Escritos sobre derechos fundamentales*. Baden-Baden: Nomos Verlagsgesellschaft, 1993, p. 126-127).

"ponta do *iceberg*".[100] Todo o resto, talvez a parte mais significativa, que o intérprete-aplicador deve levar em conta para *realizar* o direito, é constituído pela *situação normada*, na feliz expressão de Miguel Reale.[101]

Refletindo, igualmente, essa nova postura hermenêutica, Konrad Hesse nos dirá que a interpretação constitucional é *concretização*; que precisamente aquilo que não aparece, de forma clara, como conteúdo da constituição, é o que deve ser determinado mediante a incorporação da *realidade*, de cuja ordenação se trata. O conteúdo da norma interpretada só se torna completo com a sua interpretação e, assim, não pode realizar-se baseado apenas nas pretensões contidas nas normas – exigências que se expressam, de regra, em enunciados linguísticos –, ainda mais quando o texto dessas normas se mostrar genérico, incompleto e indeterminado. Para dirigir a conduta humana em cada situação, a norma, mais ou menos fragmentária, precisa de *concretização*, o que só será possível se nesse processo forem consideradas, junto ao contexto normativo, também as peculiaridades das relações vitais, que essa norma pretende regular. Enfim, à vista disso tudo, arremata Hesse, o processo de *realização* das normas constitucionais não pode desprezar tais particularidades, sob pena de fracassar diante dos problemas que essas normas são convocadas a resolver[102].

---

[100] Friedrich Müller. Métodos de trabalho do direito constitucional. Porto Alegre: Síntese, 1999, p. 45.

[101] Miguel Reale. Filosofia do Direito. São Paulo: Saraiva, 1982, p.594.

[102] Konrad Hesse. Elementos de direito constitucional da República Federal da Alemanha. Porto Alegre, Sergio Antonio Fabris Editor, 1998, 61-69; *Escritos de derecho constitucional*. Madrid: Centro de *Estudios Constitucionales*, 1983, p. 28-29 e 43-53.

HERMENÊUTICA CONSTITUCIONAL. CONCEITO, CARACTERÍSTICAS, MÉTODOS, PRINCÍPIOS E LIMITES...

6.3.6. *Método da comparação constitucional*

Reportando-se aos quatro "métodos" ou elementos desenvolvidos por Savigny – gramatical, lógico, histórico e sistemático –, Peter Häberle defende a "canonização" da comparatística como o "quinto" método de interpretação, se não para o direito, em geral, ao menos e tendencialmente para a compreensão do moderno Estado constitucional, cuja *geografia jurídica* – como diria Marc Ancel [103] –, demanda instrumentos de análise significativamente distintos dos métodos clássicos de interpretação.[104]

Apesar das virtualidades dessa nova proposta hermenêutica e da indiscutível fecundidade do comparatismo para a compreensão de normas e sistemas jurídicos, e não apenas os de relevo constitucional – uma realidade evidenciada pela expansão e consolidação do direito comparado em todas as grandes *famílias jurídicas*[105] –, mesmo assim nos parece forçado considerar essa ordem de estudos como critério ou método autônomo de interpretação constitucional.

Com efeito, sendo o *direito comparado* — que não se confunde com a chamada a *legislação comparada*, com o simples cotejo entre distintas leis nacionais[106] —, essencialmente, processo de busca e constatação de pontos comuns

---

[103] Marc Ancel. Utilidade e métodos do direito comparado. Porto Alegre: Sérgio Antonio Fabris Editor, 1980, p. 10. \

[104] Peter Häberle. *El Estado constitucional*. México: Unam, 2001, p. 164.

[105] René David. *Les grands systèmes de droit contemporains*. Paris: Dalloz, 1966, p. 14-15; Os grandes sistemas do direito contemporâneo. São Paulo: Martins Fontes, 1986.

[106] Diego Eduardo López Medina. *Teoría impura del derecho: la transformación de la cultura jurídica latinoamericana*. Bogotá: Legis, 2018, p. 74.

ou divergentes entre dois ou mais sistemas jurídicos nacionais[107] –, tarefa que, nos domínios do direito constitucional, pressupõe o estudo separado, ainda que simultâneo, dos textos, contextos, doutrinas e jurisprudência constitucionais em confronto –, então parece lógico que, para compreender e, a seguir, poder cotejar os diferentes sistemas constitucionais, os comparatistas devam utilizar, *inicialmente*, os mesmos métodos e princípios de interpretação de que se valem os constitucionalistas, em geral, sem o que não conhecerão aquilo que, *depois*, pretendem cotejar. Por isso, a nosso ver, a comparação – como tal – não configura nenhuma proposta hermenêutica que se possa reputar independente ou autônoma, quer no âmbito filosófico, quer no estritamente jurídico. Quando muito, será recurso a mais, bem-vindo como tantos outros, a ser utilizado pelo intérprete da constituição a fim otimizar seu trabalho hermenêutico.

Abstração feita de notas específicas, que permitam apontar as poucas diferenças existentes entre os vários métodos de interpretação constitucional, impõe-se a todos uma crítica, de ordem geral, como a que lhes dirigiu Böckenförde ao dizer que – exceção feita, talvez, às ideias de Friedrich Müller –, as demais propostas hermenêuticas acabam por degradar a normatividade da constituição. Trata-se de um efeito perverso que não decorre de eventuais insuficiências ou imprecisões dos próprios métodos, mas da estrutura normativo-material da constituição e da falta de ancoragem, evidente em todas essas propostas, em uma *teoria da constituição constitucionalmente adequada*, vale dizer, em uma teoria da constituição que tenha como ponto de partida a constituição mesma

---

[107] Marc Ancel. Utilidade e métodos do direito comparado. Porto Alegre: Sergio Antonio Fabris Editor, 1980, p. 44.

HERMENÊUTICA CONSTITUCIONAL. CONCEITO, CARACTERÍSTICAS, MÉTODOS, PRINCÍPIOS E LIMITES...

e, como objetivo, a *realização* de seus preceitos. Mais ainda, como todos os *concretizadores* proclamam que a norma não é o pressuposto, mas o resultado da interpretação, torna-se quase impossível para eles estabelecerem, *a priori*, *o que é mesmo* a constituição, para, em seguida, extrair de seu texto – aberto e indeterminado por natureza – significados que se possam considerar minimamente vinculantes.

Aqui, mais uma vez, como registra Böckenförde, evidencia-se a dependência recíproca entre objeto e método, do que resulta que toda discussão metodológica sobre interpretação constitucional implique, também e ao mesmo tempo, uma incontornável discussão sobre os conceitos e teorias da constituição; e todas as pré-decisões tomadas num desses âmbitos repercutam, necessariamente, sobre os outros[108].

Em suma, não dispondo de uma teoria da constituição, que dê suporte e direção ao processo interpretativo, nem podendo *legalizar* (= reduzir à condição de *lei*) o texto da constituição, para *fechar o seu leque semântico* e, assim, facilitar sua compreensão, todos os operadores constitucionais, em certa medida, veem-se perdidos no *labirinto* da interpretação. Tendo de escolher um dos caminhos, seguem aquele que lhes aponta a sua pré-compreensão. Mas, precisando racionalizar-se de antemão – se não para vencer, ao menos, para reduzir os efeitos nocivos dos pré-juízos que lhe são congênitos –, essa mesma pré-compreensão como que devolve o intérprete para o mesmo labirinto do qual, ingenuamente, ele acreditava ter escapado... **HS.**

---

[108] Ernst-Wolfgang Böckenförde. *Escritos sobre Derechos Fundamentales.* Baden-Baden: Nomos Verlagsgesellschaft, 1993, p. 35-39.

Embora não seja este o lugar para levar adiante semelhante discussão, é dessa perplexidade, só aparentemente
insuperável, que se alimentam os ativismos judiciais mais
audaciosos e os decisionismos hermenêuticos de índole au-
toritária, cuja *violência*, entretanto, poderá ser contida pela
força do *melhor argumento*.

6.4. Princípios da interpretação constitucional

Diga-se, desde logo, que os chamados *princípios* da interpretação constitucional, à semelhança de seus métodos
interpretativos, também devem ser aplicados *conjuntamente*, pelas razões desenvolvidas a seguir.

Tais princípios, para a maioria dos autores, são os da
unidade da constituição, da *concordância prática*, da *correção funcional*, da *eficácia integradora*, da *força normativa
da constituição* e da *máxima efetividade*. Afora esses princípios, apontam-se, ainda, embora não estejam ligados exclusivamente à exegese constitucional, o princípio da *proporcionalidade* ou *razoabilidade*, o da *interpretação conforme
a constituição*, e o da *presunção de constitucionalidade das
leis*. O primeiro seria um princípio de ponderação, reputado
aplicável ao direito, em geral, enquanto os dois últimos são
utilizados, essencialmente, no controle de constitucionalidade das leis[109].

---

[109] A propósito dessa listagem — que ele ressalta ter-se tornado ponto de
referência obrigatório da teoria da interpretação constitucional —, J.J.
Gomes Canotilho esclarece que o *seu* "catálogo-tópico" dos princípios
da interpretação constitucional foi desenvolvido a partir de uma postura
metódica hermenêutico-estruturante, mas que os autores o recortam de
formas diversas (Direito constitucional e teoria da Constituição. Coimbra:
Almedina, 1998, p. 1096).

HERMENÊUTICA CONSTITUCIONAL. CONCEITO, CARACTERÍSTICAS, MÉTODOS, PRINCÍPIOS E LIMITES...

Antes de apreciarmos cada um desses princípios, impõe-se fazer algumas notas, a título de advertência, sobre as dificuldades em se dizer o que realmente esses princípios significam; qual sua função dogmática; como se desenvolve o jogo de sua aplicação; e, afinal, de que maneira podemos utilizá-los para equacionar, concretamente, os problemas da interpretação constitucional.

Com apoio em Böckenförde, deve-se esclarecer, à partida, que esses princípios não têm caráter normativo. Não encerram interpretações de antemão obrigatórias; valem apenas como simples tópicos ou pontos de vista interpretativos, que se manejam como argumentos – sem gradação, nem limite – para a solução dos problemas de interpretação, mas não nos habilitam, como tais, nem a valorar nem a eleger os que devam ser usados em dada situação hermenêutica.[110] É o mesmo que ocorre, por exemplo, na tópica jurídica, em que a falta de critério para orientar a escolha entre os *lugares comuns* em discussão é apontada, por todos os seus críticos, inclusive pelos mais cautelosos, como uma das carências básicas dessa proposta hermenêutica.[111]

Quanto à sua função dogmática, embora os princípios da interpretação constitucional se apresentem como enunciados *lógicos* e, nessa condição, pareçam *anteriores* aos problemas hermenêuticos que *afinal* ajudam a resolver, quase

---

[110] Ernst-Wolfgang Böckenförde. *Escritos sobre derechos fundamentales.* Baden-Baden: Nomos Verlagsgesellschaft, 1993, p. 32.

[111] Juan Antonio García Amado. *Teorías de la tópica jurídica.* Madrid: Civitas, 1988, p. 346; Robert Alexy. *Teoría de la argumentación jurídica.* Madrid: Centro de Estudios Constitucionales, 1989, p. 42.

sempre eles funcionam como *fórmulas persuasivas*. São argumentos de que se valem os aplicadores do direito para justificar *pré-decisões* que, mesmo *necessárias* ou *convenientes*, mostrar-se-iam arbitrárias ou desprovidas de fundamento, se não contassem com o apoio desses cânones interpretativos.

Não por acaso já se proclamou que a diversidade de métodos e princípios interpretativos potencializa a liberdade do juiz, a ponto de lhe permitir antecipar suas decisões, à luz de sua pré-compreensão sobre o correto e justo em cada situação concreta; e só depois, trabalhando *para trás*, buscar os *fundamentos* de que precisa para dar sustentação discursiva a essas soluções, puramente *intuitivas*, em procedimento em que as conclusões escolhem as premissas, e os resultados definem os meios. [112]

Pois bem, entre esses princípios *libertadores* da interpretação e da aplicação do direito, em geral, merece destaque, por seu alcance e fecundidade, o postulado do *legislador racional* que, embora não integre o cânone – até porque o precede e transcende –, é de fundamental importância para a interpretação constitucional.

Como assinala Santiago Nino, é uma quase-hipótese aceita dogmaticamente, sem submetê-la a nenhuma contrasteação fática ou comprovação empírica. É uma pauta normativa de aparência descritiva pela qual o jurista se obriga a interpretar o direito positivo como se este e o legislador que o produziu fossem racionais, motivado pela certeza de que, pagando esse preço, poderá *extrair* do ordenamento jurídico,

---

[112] Jerome Frank. *Derecho e incertidumbre*. México: Fontamara, 2001, p. 92.

otimizado por aquele postulado, todas as *regras* de interpretação de que necessita para justificar qualquer decisão[113].

Noutras palavras, o jurista antropomorfiza a figura do legislador ideal e lhe atribui predicados excepcionais — ele é *singular, imperecível, único, consciente, finalista, onisciente, justo, onipotente, coerente, onicompreensivo, econômico, preciso* e *operativo* —, atributos de que precisará valer-se o intérprete/aplicador para otimizar o direito positivo e, por essa forma, preservar as valorações subjacentes às opções normativas, ocultando, de outro lado, a ideologia que as motivou[114].

Se o legislador real é racional – sobretudo, o constituinte –, não se podendo duvidar dessa premissa, nem submetê-la a testes de refutação, impõe-se a conclusão *lógico-descritiva* de que o ordenamento jurídico, instituído à sua imagem e semelhança, também ostenta esse predicado, com todas suas benéficas consequências. Por isso, a título de exemplo, afirma-se, categoricamente, que no ordenamento não existem lacunas, nem redundâncias, nem contradições; que ele é preciso, finalista, operativo e dinâmico; e que, por isso tudo somado, o jurista tem condições de resolver os problemas de aplicação do direito dentro do próprio sistema jurídico, apenas com os instrumentos de que o mesmo dispõe, sem necessidade de apelar a instâncias suprapositivas, como o desgastado *direito natural* ou a indefinível *natureza das coisas*, entre tantas outras abstrações, que lhe permitem

---

[113] Carlos Santiago Nino. *Consideraciones sobre la dogmática jurídica*. México: Unam , 1974, p. 85-114.

[114] Carlos Santiago Nino. *Consideraciones sobre la dogmática jurídica*. México: Unam, 1974, p. 91.

descobrir saídas na exata medida em que debilitam a força de persuasão das soluções *inventadas*.

A simples referência a qualquer dessas máximas de interpretação – inferidas do postulado do *legislador racional*, embora se apresentem como proposições descritivas do próprio direito positivo – mostra a fecundidade desse *topos* hermenêutico e o seu vínculo de paternidade com os chamados princípios da interpretação constitucional. Aliás, em relação àquele postulado, essas regras interpretativas podem ser consideradas apenas subprincípios, em que pese uma ou outra particularidade. Mesmo assim, é ilustrativo e conveniente formular alguns exemplos, em sede de interpretação especificamente constitucional, para mostrar como se pode extrair de cada uma daquelas proposições – como fórmulas descritivas das propriedades racionais de todo o ordenamento –, uma ou mais regras de interpretação, que servem para o direito, em geral, e o direito constitucional, em particular.

Do postulado de que o ordenamento jurídico é *onicompreensivo*, *operativo* e *coerente*, extraem-se estas três regras de interpretação:

a) os preceitos da Constituição incidem em todas as relações sociais, seja regulando-as expressamente, seja assegurando a seus "jurisdicionados" aqueles *espaços livres do direito*, de que todos precisam para o pleno desenvolvimento da sua personalidade;

b) não existem normas sobrando no texto da constituição, todas são vigentes e operativas, cabendo ao

intérprete tão-somente descobrir o âmbito de incidência de cada uma, em vez de admitir que o constituinte, racional também do ponto de vista econômico, possa ter gasto mais de uma palavra para dizer a
mesma coisa; e,

c) não ocorrem conflitos reais entre as normas da constituição, mas apenas conflitos aparentes, seja porque
elas foram promulgadas conjuntamente, seja porque
não existe hierarquia nem ordem de precedência entre as suas disposições.

Afora esses exemplos – que nos permitem apontar
o princípio da *unidade da Constituição* como descenden-
te direto do postulado do *legislador racional* e beneficiário
das inúmeras *virtudes* que ele transmite a todos os seus
herdeiros –, muitos outros ainda poderiam ser formulados
para evidenciar quão estreitas são as relações de parentesco
entre essa *inegabilidade* dogmático-jurídica e os diversos cânones da interpretação constitucional.

Quanto ao modo como se utilizam as regras da interpretação constitucional, também aqui se impõem algumas
advertências de ordem geral sobre os problemas relativos
a seu manejo, sobretudo naquelas situações hermenêuticas
em que diferentes cânones interpretativos, à primeira vista,
mostrem-se igualmente aplicáveis, embora os respectivos
resultados se evidenciem inconciliáveis. À luz do postulado
do *legislador racional* – um legislador coerente não permite
conflitos reais entre normas –, qualquer disputa entre critérios interpretativos é (des)qualificada, desde logo, como

confronto meramente *aparente*, a ser resolvido pelo aplicador do direito, de quem se esperam soluções igualmente racionais[115].

Se o objeto a ser interpretado – seja ele uma norma ou um conjunto de normas – é algo considerado racional, por definição, então essa mesma racionalidade há de presidir o manejo dos princípios que regulam sua interpretação. Em suma, tal como ocorre na interpretação/aplicação dos princípios constitucionais (*e.g. dignidade da pessoa humana*; *pluralismo político*; *propriedade privada*; *função social da propriedade*), também aqui – e nisso vai certa desconfiança nos predicados demiúrgicos do legislador racional –, tem plena vigência a ideia de um *jogo concertado*, de restrições e de complementações recíprocas, entre os cânones hermenêuticos eventualmente concorrentes, "peleja" da qual resulta, ao fim e ao cabo, sua mútua e necessária conciliação.[116]

---

[115] Relembre-se, a propósito, esta advertencia de Manuel Calvo García, citada anteriormente: "Frente a uno de los postulados más característicos de la concepción metodológica tradicional, las teorías de la argumentación defienden que *el legislador real no es racional* o, lo que es igual, que no hace leyes perfectas que prevean soluciones claras y no contradictorias para cualquier caso hipotético que pueda producirse, y que, por lo tanto, quienes tienen que ser racionales son los juristas, quienes interpretan y aplican la ley". Los fundamentos del método jurídico: una revisión crítica. Madrid: Tecnos, 1994, p. 217.Grifos nossos).

[116] Embora não utilize a expressão *jogo concertado*, Carlos Santiago Nino também sugere essa técnica como forma adequada para a superação dos conflitos, por vezes dramáticos, entre os ideais pressupostos pelo modelo do legislador racional. (Consideraciones sobre la dogmática jurídica. México: Unam, 1974, p. 95-99).

HERMENÊUTICA CONSTITUCIONAL. CONCEITO, CARACTERÍSTICAS, MÉTODOS, PRINCÍPIOS E LIMITES...

6.4.1. *Princípio da unidade da constituição*

Segundo essa diretriz de interpretação, as normas constitucionais não devem ser vistas como normas isoladas, mas como preceitos integrados em *sistema unitário* de regras e de princípios, instituído na e pela própria Constituição. Em consequência, a constituição só pode ser compreendida, interpretada e aplicada adequadamente, se nós a entendermos como unidade. Disso resulta que, em nenhuma hipótese, podemos separar uma norma do conjunto em que se integra, até porque – relembre-se o *círculo hermenêutico* –, o sentido das partes e o sentido do todo são complementares e interdependentes.

Posto em prática esse princípio, o jurista bloqueia o próprio surgimento de eventuais conflitos entre preceitos da constituição e desqualifica, como contradições meramente *aparentes*, as situações em que duas ou mais normas constitucionais – com hipóteses de incidência à primeira vista idênticas e que só a interpretação *racional* evidenciará serem distintas – "pretendam" regular a mesma situação de fato.

Em rigor, esse princípio compreende e embasa se não todos, pelos menos a grande maioria dos cânones da interpretação constitucional, porque otimiza as virtualidades do texto constitucional, de si naturalmente expansivo, permitindo aos seus realizadores construir as soluções exigidas em cada situação hermenêutica.

6.4.2. *Princípio da concordância prática ou da harmonização*

Intimamente ligado ao princípio da unidade da constituição, que nele se concretiza, o princípio da *harmonização* ou da *concordância prática* consiste, essencialmente, na recomendação para que o aplicador das normas constitucionais, deparando-se com situações de concorrência entre bens igualmente protegidos pela Lei Fundamental, adote solução que otimize a realização de todos esses bens, sem o sacrifício de qualquer deles[117].

Como a consistência dessa recomendação não se avalia *a priori*, o cânone interpretativo em referência é conhecido também como princípio da concordância *prática*, uma vez que somente no momento da aplicação do texto, e no contexto dela, podem-se coordenar, ponderar e, afinal, conciliar os bens ou valores constitucionais em "conflito", dando a cada um o que for seu.

Essa *conciliação*, no entanto, é puramente formal ou principiológica, pois nas demandas reais só um dos contendores terá acolhida, por inteiro ou em grande parte, a sua pretensão. Restará ao outro conformar-se com a decisão que lhe for adversa, porque esse é o desfecho de qualquer disputa em que os desavindos não conseguem construir soluções negociadas, como nas demandas que admitem transação[118].

Num conflito, por exemplo, entre a *liberdade de informação* e a *inviolabilidade da vida privada* – uma e outra igualmente garantidas pela constituição –, se algum indivíduo, a pretexto de resguardar sua intimidade, com ou sem

---

[117] Nesse sentido, ensina Konrad Hesse que onde surgirem colisões não se deve, à base de uma precipitada "ponderação de bens" ou de uma "abstrata ponderação de valores", realizar qualquer deles à custa do sacrifício do outro (Elementos de direito constitucional da República Federal da Alemanha. Porto Alegre: Sergio Antonio Fabris Editor, 1998, p. 66, e *Escritos de derecho constitucional* Madrid: *Centro de Estudios Constitucionales*, 1983, p. 48).

[118] Luis Prieto Sanchís. *Justicia constitucional y derechos fundamentales.* Madrid: Trotta, 2003, p. 192.

razão, conseguir embargar a divulgação de determinada matéria, o veículo de comunicação acaso impedido de trazê-la a público terá preterido *por inteiro* seu direito de informar, ao mesmo tempo em que, também *por inteiro*, a outra parte verá prevalecer a sua pretensão. E vice-versa.

Em tese, ao final dessa hipotética demanda, restará intacto – até porque não foi abolido da Constituição –, o direito de informar e/ou obter informação, mas o mesmo não se poderá dizer quanto ao direito daquele veículo de comunicação que, em concreto, foi proibido de publicar a matéria objeto de interdição judicial. Na prática do texto, portanto, uma parte ganhou tudo, a outra tudo perdeu. Tem-se aí resultado que afasta ou debilita a ideia de efetiva harmonização dos interesses em conflito, quando as disputas se travam à luz de casos concretos.

Mesmo assim, impõe-se reconhecer que o princípio da concordância prática é instrumento hermenêutico de grande alcance e dos mais utilizados nas cortes constitucionais, inclusive em nosso STF, como atestam os repertórios de jurisprudência e as obras dos especialistas[119].

Dado que, de outra parte, a constituição não ministra nem deve ministrar critérios para essa harmonização – até porque também não hierarquiza os bens ou valores protegidos por seus preceitos[120] –, toda e qualquer solução, apesar de muitas e respeitáveis opiniões em contrário, advém

---

[119] Sobre o manejo dos vários princípios da interpretação constitucional pelo STF, ver, por todos, José Adércio Leite Sampaio. A Constituição reinventada pela jurisdição constitucional, Belo Horizonte: Del Rey, 2002.

[120] Registre-se, a propósito, a observação de Karl Larenz de que não existe uma ordem hierárquica de todos os bens e valores jurídicos em que possamos ler

mesmo das valorações pessoais do intérprete, cujos acertos ou equívocos só a comunidade está em condições de julgar[121].

Não se trata, evidentemente, de nenhum bizarro *plebiscito hermenêutico*, nem muito menos de qualquer apreciação de natureza técnica ou processual, daquelas que realizam as instâncias a tanto legitimadas, mas de juízo de adequação material entre o que decidem os intérpretes oficiais da constituição – juízes ou tribunais, inclusive as cortes constitucionais – e aquilo que, em dado momento histórico, a própria sociedade considere correto e justo[122].

6.4.3. *Princípio da correção funcional*

Derivado, igualmente, do cânone hermenêutico da unidade da constituição, que nele também se concretiza, o princípio da *correção funcional* tem por finalidade orientar os intérpretes da constituição no sentido de que, instituindo

---

o resultado como numa tabela (Metodologia da Ciência do Direito. Lisboa: Gulbenkian, 1989, p. 491).

[121] Karl Larenz, por exemplo, mesmo reconhecendo que, no particular, é bem ampla a liberdade de valoração pessoal do juiz, opõe a ressalva de que a "ponderação de bens" não é simplesmente matéria do sentimento jurídico, mas um processo racional que não há de fazer-se, em absoluto, unilateralmente, mas, até certo grau, conforme princípios identificáveis e, nessa medida, de modo controlável (Metodologia da Ciência do Direito. Lisboa: Gulbenkian, 1989, p. 501).

[122] Em que pese caber aos tribunais constitucionais dar a última palavra sobre *o que é* a Constituição, nem por isso eles a interpretam na contramão da sociedade civil, cujas *reações* — especialmente a da comunidade hermenêutica —obrigam-nos a uma constante *prestação de contas* sobre os métodos e critérios de que se utilizam para concretizar a Constituição. Parafraseando, respeitosamente, Umberto Eco, *o texto da Constituição não é um piquenique para onde o constituinte leva as palavras, e os leitores, o sentido.* (Umberto Eco. Os limites da interpretação. São Paulo: Perspectiva, 1995, p. 33).

a norma fundamental um sistema coerente e previamente ponderado de repartição de competências, não podem seus aplicadores chegar a resultados que perturbem o esquema organizatório-funcional nela estabelecido, como é o caso da separação dos poderes, cuja observância é consubstancial à própria ideia de Estado de Direito.

A aplicação desse princípio tem particular relevo no controle da constitucionalidade das leis e nas relações que se estabelecem entre a legislatura e as cortes constitucionais. Tendo em vista, de um lado, a legitimação democrática do legislador e, de outro, a posição institucional desses tribunais como intérpretes supremos da constituição, existe uma tendência, até certo ponto natural, ao surgimento de *conflitos de interpretação* entre esses agentes políticos, para saber quem está mais bem aparelhado para interpretar o texto constitucional e, consequentemente, aos olhos da comunidade, merece adensar seus poderes, obviamente sem agredir a constituição.

Mesmo nos mais acirrados embates travados com o governo e a legislatura – quando as cortes constitucionais, não raras vezes, parecem ultrapassar os limites das suas atribuições como instâncias de mera *aplicação* do direito –, mesmo nessas situações de crise, ninguém jamais as acusou de agirem irracionalmente, com facciosismo ou predisposição, nem pôs em dúvida o respeito que elas devotam ao princípio da correção funcional.[123]

---

[123] Decisões recentes do STF, consideradas invasivas do espaço constitucional reservado aos poderes políticos, provocaram manifestações de repúdio ao comportamento da corte, tanto pela sociedade, em geral, quanto pela comunidade jurídica, abalando a credibilidade e o respeito que os brasileiros sempre devotaram ao seu tribunal constitucional.

Embora se trate de cânone hermenêutico desprovido de força normativa, como de resto o são todos os métodos e princípios de interpretação – até porque não existe uma *meta-regra* das regras interpretativas ou qualquer preceito *supraconstitucional* que prescreva a adoção de determinado critério para a exegese da constituição[124] –, nem por isso o princípio da *correção funcional* deixa de ser acatado pelos agentes políticos, em geral, dada sua importância para o funcionamento das instituições. Divergências à parte – sobretudo nos momentos de crise –, tanto as cortes constitucionais, quanto o parlamento e o Executivo estão cansados de saber que só conseguirão resolver, duradouramente, suas disputas, se guardarem estrita *fidelidade* à constituição[125].

---

[124] Cristina M. M. Queiroz. Direitos fundamentais teoria geral. Coimbra: Coimbra Editora, 2002, p. 183. Sobre a natureza, o alcance e a normatividade dos preceitos legais que pretendem estabelecer regras de interpretação, ver Raúl Canosa Usera. Interpretación constitucional y fórmula política. Madrid: Centro de Estudios Constitucionales, 1988, p. 86-106; e Jorge Rodríguez-Zapata. *Métodos y criterios de interpretación de la Constitución en los seis primeros años de actividad del Tribunal Constitucional*, in Antonio Lopez Pina (Coord.). *División de Poderes e Interpretación de la Constitución*, Madrid: Tecnos, 1987, p. 155-160.

[125] Relembre-se o que dizem Hesse e Verdú, respectivamente, sobre o papel da *vontade* e do *sentimento* na vida das constituições: "...a Constituição se converterá em força ativa se estiver presente na consciência geral — e particularmente na consciência dos principais responsáveis pela ordem constitucional — não só a *vontade de poder*, mas também a *vontade de Constituição*" (Konrad Hesse. A força normativa da Constituição. Porto Alegre: Sergio Antonio Fabris Editor, 1991, p. 19); "cuando un ordenamiento jurídico es capaz de suscitar amplia e intensa adhesión efectiva a sus normaciones y, sobre todo, a sus instituciones que más enraízan con las bases sociales, entonces tal ordenamiento es algo vivo, no está *allí*, alejado, nutriéndose solitariamente de sus propias interconexiones e interpretaciones formales, sino que penetra en la entraña popular y entonces es ordenamiento sentido (Pablo Lucas Verdú. *El sentimiento constitucional*. Madrid: Ed. Reus, 1985, p. 6).

HERMENÊUTICA CONSTITUCIONAL. CONCEITO,
CARACTERÍSTICAS, MÉTODOS, PRINCÍPIOS E LIMITES...

Em nenhuma circunstância, a sede de poder há de se sobrepor ao *éthos* constitucional. Esse é o sentimento de Konrad Hesse, ao dizer que a constituição se converterá em força ativa, quando se fizerem presentes, na consciência geral – particularmente, na consciência dos principais responsáveis pela ordem constitucional –, não só a *vontade de poder*, mas também a *vontade de Constituição*.[126]

6.4.4. *Princípio da eficácia integradora*

Considerado corolário da teoria da integração de Rudolf Smend[127], esse cânone interpretativo orienta o aplicador da Constituição no sentido de que, ao construir soluções para os problemas jurídico-constitucionais, procure dar preferência àqueles critérios ou pontos de vista que favoreçam a *integração social* e a *unidade política*, porque além de criar uma ordem jurídica, toda Constituição necessita produzir e manter a coesão sociopolítica, como pré-requisito ou condição de viabilidade de qualquer sistema jurídico[128].

Em que pese à indispensabilidade dessa integração para a normalidade constitucional, nem por isso é dado aos intérpretes/aplicadores da Constituição subverter-lhe a letra e o espírito para alcançar, a qualquer custo, esse objetivo, até porque, à partida, a Lei Fundamental mostra-se submissa a

---

[126] Konrad Hesse. A força normativa da Constituição. Porto Alegre: Sergio Antonio Fabris Editor, 1991, p.19.

[127] Antonio Enrique Pérez Luño. *Derechos humanos, Estado de Derecho y Constitución*. Madrid: Tecnos, 1990, p. 277.

[128] Konrad Hesse. *Concepto y cualidad de la Constitución, in Escritos de derecho constitucional* Madrid: Centro de Estudios Constitucionales, 1983, p. 9.

outros valores, desde logo reputados superiores – como a dignidade humana, a democracia e o pluralismo, por exemplo –, que precedem sua elaboração, nela se incorporam e, afinal, seguem dirigindo sua realização[129].

Precisamente por isso, afirma Canotilho, em síntese admirável, que o princípio do efeito integrador, como *tópico* argumentativo, não se assenta em uma concepção integracionista de Estado e da sociedade – conducente a reducionismos, autoritarismos, fundamentalismos e transpersonalismos políticos –, antes arranca da conflitualidade constitucionalmente racionalizada para conduzir a soluções pluralisticamente integradoras[130].

6.4.5. *Princípio da força normativa da Constituição*

Reduzindo-o à sua expressão mais simples, esse cânone interpretativo consubstancia um conselho – Friedrich Müller nos fala em *apelo*[131] – para que os aplicadores da Constituição, na solução dos problemas jurídico-constitucionais, procurem dar preferência àqueles pontos de vista que, ajustando historicamente o sentido de suas normas, confiram-lhes maior eficácia[132].

---

[129] Konrad Hesse. Elementos de direito constitucional da República Federal da Alemanha. Porto Alegre: Sergio Antonio Fabris Editor, 1998, p. 27 e 68, e *Escritos de derecho constitucional Madrid: Centro de Estudios Constitucionales,* 1983, p. 5 e 50.

[130] J. J. Gomes Canotilho. Direito constitucional e teoria da Constituição. Coimbra: Almedina, 1998, p. 1097.

[131] Friedrich Müller. Métodos de trabalho do direito constitucional. Porto Alegre: Síntese, 1999, p. 74.

[132] Konrad Hesse. Elementos de direito constitucional da República Federal da Alemanha. Porto Alegre, Sergio Antonio Fabris Editor, 1998, p. 68, e *Escritos de derecho constitucional.* Madrid: Centro de Estudios Constitucionales,

Considerando que toda norma jurídica – e não apenas as normas da Constituição –, precisa de um mínimo de eficácia, sob pena de perder ou nem sequer adquirir a vigência de que depende sua aplicação, impõe-se reconhecer que, ao menos nesse aspecto, o princípio da *força normativa da constituição* não encerra nenhuma peculiaridade da interpretação constitucional, em que pese à sua importância nesse domínio hermenêutico, um terreno onde, sabidamente, qualquer decisão, ao mesmo tempo em que resolve um problema constitucional em concreto, projeta-se sobre o restante do ordenamento e passa a orientar sua interpretação[133]. Em palavras da arguta Patrícia Perrone, "é o reconhecimento da *eficácia irradiante* da Constituição sobre todo o ordenamento, ensejando uma releitura do conteúdo das normas infraconstitucionais dos mais variados ramos, à luz de seus valores, e conferindo função essencial à jurisprudência em tal tarefa."[134]

6.4.6. *Princípio da máxima efetividade*

Estreitamente vinculado ao princípio da força normativa da constituição, em relação ao qual configura um subprincípio, o cânone hermenêutico-constitucional da

---

1983, p. 50-51; e J. J. Gomes Canotilho. Direito constitucional e teoria da Constituição. Coimbra: Almedina, 1998, p. 1099.

[133] Sobre a importância e funções da interpretação constitucional para a totalidade do ordenamento jurídico, ver Pablo Pérez Tremps, *Tribunal Constitucional y poder judicial*, Madrid: Centro de Estudios Constitucionales, 1985, p. 120; e Jerzy Wróblewski. *Constitución y teoría general de la interpretación jurídica*. Madrid: Civitas, 1985, p. 93-114.

[134] Patrícia Perrone Campos Mello. Precedentes – O desenvolvimento judicial do direito no constitucionalismo contemporâneo. Rio de Janeiro: Renovar, 2008, p. 57.

máxima efetividade orienta os aplicadores da Lei Maior para que interpretem suas normas em ordem a lhes otimizar a eficácia, sem alterar seu conteúdo. De igual modo, veicula um apelo aos realizadores da constituição para que em toda situação hermenêutica, sobretudo em sede de direitos fundamentais, procurem adensar seus preceitos, sabidamente abertos e predispostos a interpretações expansivas.

Tendo em vista, de outro lado, que, nos casos concretos, a *otimização* de qualquer dos direitos fundamentais, em favor de determinado titular, poderá implicar a simultânea compressão, ou mesmo o sacrifício, de iguais direitos de outrem, direitos que constitucionalmente também exigem otimização – o que, tudo somado, contrariaria a um só tempo tanto o princípio da *unidade da Constituição* quanto o da *harmonização* –, em face disso, impõe-se conciliar o princípio da *máxima efetividade* com as demais regras de interpretação, assim como se impõe harmonizar, quando em situação de conflito, quaisquer bens ou valores protegidos pela Constituição.

6.4.7. *Princípio da interpretação conforme a constituição*

Instrumento situado no âmbito do controle de constitucionalidade e não apenas uma simples regra de interpretação – como o STF enfatizou em decisão paradigmática[135] –, o princípio da *interpretação conforme a constituição* consubstancia, essencialmente, uma diretriz de prudência política ou, se quisermos, de política constitucional, além de

---

[135] Brasil, STF, Representação n. 1.417/DF, Min. Moreira Alves, *RTJ*, 126/48-72, 66.

reforçar outros cânones interpretativos, como os princípios da unidade da constituição e da correção funcional.

Com efeito, ao recomendar – nisso se resume este princípio –, que os aplicadores da Constituição, em face de normas infraconstitucionais de múltiplos significados, escolham o sentido que as torne constitucionais e não aquele que resulte na sua declaração de inconstitucionalidade, esse cânone interpretativo ao mesmo tempo em que valoriza o trabalho legislativo – aproveitando ou conservando as leis –, previne o surgimento de conflitos, que se tornariam crescentemente perigosos caso os juízes, sem o devido cuidado, se pusessem a invalidar os atos da legislatura.

Não por acaso, os clássicos do controle de constitucionalidade sempre apontaram, entre as *regras de bom aviso* ou *preceitos sábios*, que devem presidir, no particular, as relações entre os juízes e a legislatura, o princípio da *presunção de constitucionalidade das leis*, a significar que toda lei, à partida, é compatível com a Constituição e assim deve ser considerada, até judiciosa conclusão em contrário; ou, mais precisamente, que a inconstitucionalidade não pode ser *presumida*, antes deve ser *provada*, de modo cabal, irrecusável e incontroverso[136].

Essa prudência, de outro lado, não pode ser excessiva, a ponto de induzir o intérprete a *salvar a lei à custa da Constituição*, nem a contrariar seu sentido inequívoco, para constitucionalizá-la a qualquer preço. No primeiro caso, porque isso implicaria interpretar a Constituição conforme

---

[136] Ver, por todos, C. A. Lúcio Bittencourt. O controle jurisdicional da constitucionalidade das leis. Rio de Janeiro: Forense, 1949, p. 113-116.

a lei e, assim, subverter a hierarquia das normas; no segundo, porque toda conformação exagerada implica, no fundo, usurpar tarefas legislativas e transformar o intérprete em legislador *positivo*, na exata medida em que a lei resultante dessa interpretação – conformadora só nas aparências –, em verdade seria substancialmente distinta, em sua letra como no seu espírito, daquela que resultou do trabalho legislativo. Afinal, no controle de constitucionalidade, como todos sabem, os tribunais devem comportar-se como legisladores *negativos*, anulando as leis contrárias à constituição, quando for o caso, e jamais como produtores de normas, ainda que essa produção se faça por via interpretativa[137].

Modernamente, o princípio da *interpretação conforme* passou a consubstanciar, também, um mandado de otimização do *querer* constitucional, ao não significar *apenas* que, entre distintas interpretações de uma mesma norma, há de se optar por aquela que a torne compatível com a constituição, mas também que, entre distintas exegeses igualmente conformes com a Lei Maior, deve-se escolher a que se *orienta para a constituição* ou a que *melhor* corresponde às decisões do constituinte[138].

---

[137] Sobre o sentido da expressão *legislador negativo*, ver Hans Kelsen. *¿ Quién debe ser el defensor de la Constitución?*. Madrid: Tecnos, 1995, p. 37-38; e *La garantie juridictionnelle de la Constitution (La Justice constitutionnelle)*, in *Revue du Droit Public et de la Science Politique en France et a L'Étranger*, p. 224-225.

[138] Rui Medeiros. *A decisão de inconstitucionalidade*. Lisboa: Universidade Católica Ed., 1999, p. 290. Para uma visão crítica dessa nova postura, ver Marina Gascón Abellán, *Los límites de la justicia constitucional: el Tribunal Constitucional entre jurisdicción y legislación, in Constitución: problemas filosóficos*. Madrid: Centro de Estudios Políticos y Constitucionales, 2003, p. 165-191.

HERMENÊUTICA CONSTITUCIONAL. CONCEITO, CARACTERÍSTICAS, MÉTODOS, PRINCÍPIOS E LIMITES...

Nos últimos tempos, a pretexto de *otimizar* a constituição, as cortes constitucionais vêm proferindo decisões de nítido caráter legislativo, o que lhes têm custado críticas acerbas, como veremos adiante, ao tratar dos limites da interpretação constitucional.

6.4.8. *Princípio da proporcionalidade ou da razoabilidade*[139]

Utilizado, de ordinário, para aferir a legitimidade das *restrições* de direitos – muito embora possa aplicar-se, também, para dizer do equilíbrio na *concessão* de poderes, privilégios ou benefícios[140] –o princípio da *proporcionalidade* ou da *razoabilidade*, em essência, consubstancia pauta axiológica que emana diretamente das ideias de justiça, equidade, bom senso, prudência, moderação, justa medida, proibição de excesso, direito justo e valores afins; precede e condiciona a positivação jurídica, inclusive a de nível constitucional; e, ainda, como princípio geral do direito, serve de regra de interpretação para todo o ordenamento jurídico[141].

---

[139] Embora alguns autores utilizem, indistintamente, essas duas expressões, por considerar fungíveis ou intercambiáveis os respectivos conteúdos, existem outros que não as assimilam porque entendem que elas traduzem princípios distintos — o da *proporcionalidade* e o da *razoabilidade* —, cujas singularidades acreditam poder demonstrar. Como representantes dessas duas correntes, ver, respectivamente, Gilmar Ferreira Mendes (Direitos fundamentais e controle de constitucionalidade. São Paulo: Celso Basdtos, 1998, p. 83) e Wilson Antônio Steinmetz (Colisão de direitos fundamentais e princípio da proporcionalidade. Porto Alegre: Livraria do Advogado, 2001, p. 148 e 185-192).

[140] Ver, a propósito, a liminar deferida pelo Relator da ADI 1.158-8/AM, Ministro Celso de Mello, para invalidar, porque ofensiva ao princípio da razoabilidade, lei estadual que concedia gratificação de férias a servidor inativo. (DJU, 26-5-1995, p. 15154).

[141] Karl Larenz, Metodologia da Ciência do Direito. Lisboa: Gulbenkian, 1989, p. 585-586, e *Derecho justo: fundamentos de la ética jurídica.* Madrid:

No âmbito do direito constitucional, que o acolheu e reforçou, a ponto de impô-lo à obediência não apenas das autoridades administrativas, mas também de juízes e legisladores, esse princípio acabou se tornando consubstancial à própria ideia de Estado de Direito, pela sua íntima ligação com os direitos fundamentais, que lhe dão suporte e, ao mesmo tempo, dele dependem para se realizar. Essa interdependência se manifesta, especialmente, nas colisões entre bens ou valores igualmente protegidos pela constituição. Tais conflitos, que só se resolvem de modo justo ou equilibrado fazendo-se apelo ao subprincípio da *proporcionalidade em sentido estrito*, o qual é indissociável da ponderação de bens e, ao lado da *adequação* e da *necessidade*, compõe a *proporcionalidade em sentido amplo*.

A título de conclusão pontual, esses princípios revelam pouco ou quase nada do alcance praticamente ilimitado de que se revestem para enfrentar os desafios que, a todo o instante, são lançados aos aplicadores da Constituição por uma realidade social em célere transformação. Daí a necessidade, de resto comum a todos os instrumentos hermenêuticos, de que sejam manejados à luz de casos concretos, naquele interminável *balançar de olhos* ou ir-e-vir entre objeto e método, realidade e norma, para recíproco esclarecimento, aproximação e explicitação[142].

Civitas, 1993, p. 144-145.

[142] Karl Larenz. Metodologia da Ciência do Direito. Lisboa: Gulbenkian, 1989, p. 323.

HERMENÊUTICA CONSTITUCIONAL. CONCEITO, CARACTERÍSTICAS, MÉTODOS, PRINCÍPIOS E LIMITES...

Como decantados da experiência hermenêutica ou, se preferirmos, da experiência jurídica, em sentido amplo, deles se poderá afirmar o que disse Kriele sobre a interpretação dos enunciados normativos em geral: só na sua aplicação aos casos ocorrentes, e na concretização que assim necessariamente se processa, é que se revela todo o seu conteúdo significativo, e eles cumprem a função de regular situações da vida[143].

Ao mesmo tempo, como tantas vezes assinalou Larenz, em razão do seu próprio manejo, esses parâmetros se ampliam a cada utilização, porque é precisamente no processo de concretização mediante julgamento de casos que as pautas hermenêuticas adensam o seu conteúdo e/ou expandem a sua abrangência, tornando-se aptas para resolver novos problemas[144].

Noutras palavras, esses instrumentos hermenêuticos se regeneram a partir de si mesmos, pois a cada situação resolvida se amplia seu âmbito de incidência, servindo o último caso resolvido de precedente e ponto de partida para enfrentar novos desafios. Tudo somado confirma a sentença de Holmes de que a vida do Direito não tem sido lógica e sim experiência[145].

---

[143] *Apud* Karl Larenz. Metodologia da Ciência do Direito. Lisboa: Gulbenkian, 1978, p. 396.

[144] Karl Larenz. Metodologia da Ciência do Direito. Lisboa: Gulbenkian, 1989, p. 251, 264-265 e 352.

[145] Oliver Wendell Holmes. O direito comum. Rio de Janeiro: O Cruzeiro, 1967, p. 29.

6.5. Limites da interpretação constitucional[146]

A questão dos *limites da interpretação* não é um problema próprio da hermenêutica jurídica, sequer mesmo da interpretação especificamente constitucional, antes se colocando em todos os domínios da comunicação humana[147].

No âmbito jurídico, em geral, a ideia de se estabelecerem parâmetros objetivos para controlar e/ou racionalizar a interpretação deriva, imediatamente, dos princípios da *certeza* e da *segurança jurídica*, que estariam comprometidos se os aplicadores do direito, em razão da abertura e da amplitude semântica dos enunciados normativos, pudessem atribuir-lhes qualquer significado, à revelia dos cânones hermenêuticos e do comum sentimento de justiça. Nesse sentido, é de todo oportuna a observação de Juan Fernando López Aguilar, a nos dizer que, hoje em dia, o direito constitucional já não é apenas o que prescreve o texto da Lei Maior, mas também a *bagagem de padrões hermenêuticos* desse bloco normativo incorporada na jurisprudência constitucional[148].

---

[146] Embora este assunto possa ter aflorado, anteriormente, ao nos referirmos, ainda que de passagem, às chamadas *mutações constitucionais*, impõe-se tratá-lo com autonomia, o que faremos no tópico a seguir, mesmo assim, quando mais não seja para salientar que

[147] Sobre os limites da interpretação textual, ver, por todos, Umberto Eco. Os limites da interpretação. São Paulo: Perspectiva, 1995.

[148] Juan Fernando López Aguilar. *Lo constitucional en el derecho: sobre la idea e ideas de Constitución y orden jurídico*. Madrid: Centro de Estudios Políticos y Constitucionales, 1998, p. 60.

HERMENÊUTICA CONSTITUCIONAL. CONCEITO, CARACTERÍSTICAS, MÉTODOS, PRINCÍPIOS E LIMITES...

Por isso é que, mesmo admitindo que todo texto, em princípio, comporta mais de uma interpretação, Umberto Eco defende a existência de critérios que permitam verificar a *sensatez* dessas interpretações e rejeitar as que se mostrarem, indubitavelmente, erradas ou clamorosamente inaceitáveis[149]. Afinal, como assinala Aulis Aarnio, no âmbito do Direito, o intérprete não pode pretender um resultado que só a ele satisfaça, até porque a interpretação jurídica é, essencialmente, um fenômeno social e, assim, deve alcançar um nível de *aceitabilidade geral*[150]. Nessa mesma direção, adverte Larenz que somente quando tiver esgotado todas as possibilidades de alcançar julgamento metodicamente assegurado, sem que isto dê resultado, é que o juiz poderá achar resolução da qual dê contas apenas a si próprio. Mas, então, deverá esclarecer como chegou a tal a valoração, pois mesmo tendo liberdade para decidir de conformidade com sua *consciência jurídica individual*, esta há de ser formada com base em critérios comunitariamente compartilhados – a chamada *consciência jurídica geral*. [151]

Em hermenêutica constitucional, merecem especial registro as reflexões de Konrad Hesse. Sem ladear os problemas semânticos e o papel da realidade nas mutações constitucionais, ele reafirma a importância do texto como algo firme e vinculante, a despeito da diversidade e da influência

---

[149] Umberto Eco. Os limites da interpretação. São Paulo: Perspectiva, 1995, p. XXII (*Introdução*), 11, 16 e 286.

[150] Aulis Aarnio. *Derecho, racionalidad y comunicación social*. México: Fontamara, 1995, p. 27-28.

[151] Karl Larenz. Metodologia da Ciência do Direito. Lisboa: Gulbenkian, 1989, p. 272-273 e 418, Nota 70.

desses *complicadores* no processo de concretização constitucional. Normalmente, não parece tarefa impossível dizermos se determinada leitura é ou não compatível com o texto da Constituição, apesar da abertura dos seus enunciados e dos problemas de sentido que possam suscitar quando da sua interpretação[152]. Sobre o que seja realmente *o* texto constitucional, no entanto, o próprio Hesse mantém-se cauteloso, talvez porque reconheça, como Böckenförde e muitos outros, que um conteúdo normativo vinculante não se obtém de um texto normativo *marco*; que não é possível subordinar a interpretação a algo que ela mesma, afinal, produzirá; ou, ainda, que sendo indeterminadas as normas objeto de exegese, seu significado só se revelará ao termo da interpretação, para a qual, por isso mesmo, não pode servir de ponto de partida[153].

Embora entusiasta e pregador da *interpretação constitucional como concretização*, também Hesse se vê obrigado a admitir que a norma (= o que se extrai do texto) seja resultado e não pressuposto da interpretação, o que, enfim, explica seu empenho – como doutrinador e, sobretudo, como juiz constitucional –, em estabelecer alguns limites,

---

[152] Konrad Hesse. *El texto constitucional como límite de la interpretación*, in Antonio López Pina (Coord.) *División de Poderes e interpretación*. Madfrtid: Tecnos, 1990, p. 184-185; *Límites da la mutación constitucional*, in *Escritos de derecho constitucional*. Madrid: Centro de *Estudios Constitucionales*, 1983, p. 51-53 e 85-112; Elementos de direito constitucional da República Federal da Alemanha. Porto Alegre, Sergio Antonio Fabris Editor, 1998, p. 69-70.

[153] Ernst-Wolfgang Böchenförde, *Escritos sobre derechos fundamentales*. Baden-Baden: Nomos Verlagsgesellschaft, 1993, p. 32 e 34.

mínimos embora, para a criatividade dos intérpretes da Constituição[154].

Afinal, como lembra Cappelletti, uma coisa é a inevitável criação judicial do direito – no âmbito das causas e controvérsias em que se travam os *conflitos de interpretação* –, e outra, bem diversa, é aceitar que os juízes atuem como autênticos legisladores, olvidando aquelas *virtudes passivas* ou *limites processuais* que tão profundamente diferenciam os processos judiciais dos processos de natureza política e que milênios de sabedoria humana consagraram em fórmulas lapidares, tais como *nemo judex in causa propria, nemo judex sine actore, ubi non est actio, ibi non est jurisdictio* e *audiatur et altera pars*, entre tantas outras de idêntica inspiração[155].

A experiência mais recente, no entanto, parece condenar ao esquecimento a concepção kelseniana do *legislador negativo*, tantas têm sido as decisões das cortes constitucionais – *e. g.* as diversas espécies de sentenças *normativas* – por via das quais, a pretexto de *otimizar* e/ou *realizar* a constituição, esses supertribunais assumem nítida postura legislativa, criando normas de caráter geral e vinculante, como

---

[154] Konrad Hesse, além de professor da Universidade de Freiburg im Breisgau, veio a ser Juiz do Tribunal Constitucional, em Karlsruhe, na República Federal da Alemanha, quando se deu conta, como ele mesmo revelou, da fundamental diferença entre a *teoria* e a *práxis*, no âmbito da interpretação constitucional.

[155] Mauro Cappelletti. Juízes legisladores? Porto Alegre: Sergio Antonio Fabris Editor, 1993, p. 73-107.

atestam a jurisprudência nacional e a estrangeira, esta em maior expressão[156].

Descrevendo esse estado de coisas no ordenamento jurídico italiano, um panorama de resto coincidente, no essencial, com o que ocorre no Brasil, o jurista italiano Riccardo Guastini ressalta que, em seu país, essa atividade legislativa heterônoma se reveste da maior importância, sendo desenvolvida tanto pela corte constitucional quanto pela magistratura comum, o que evidencia tratar-se de prática generalizada, em que pese ao velho dogma da separação dos Poderes[157].

No âmbito da Corte Constitucional, ele nos aponta as seguintes espécies de *interpretação conforme* ou de *adequação* das leis à Constituição, as quais, em rigor, configuram nítida criação judicial do direito:

1. decisões *interpretativas em sentido estrito*, compreendendo duas subespécies:

1.1. sentenças *interpretativas de rechaço*; e

1.2. sentenças *interpretativas de aceitação*.

---

[156] José Adércio Leite Sampaio. A Constituição reinventada pela jurisdição constitucional. Belo Horizonte: Del Rey, 2002, p. 208-217; *As sentenças intermediárias de constitucionalidade e o mito do legislador negativo*, in Hermenêutica e jurisdição constitucional. Belo Horizonte: Del Rey, 2001, p. 159-194.

[157] Riccardo Guastini. *Estudios sobre la interpretación jurídica*. México: Porrúa, 2000, p. 47-49, e *La constitucionalización del ordenamiento jurídico: el caso italiano*, in Miguel Carbonell (Coord.) Neoconstitucionalismo(s). Madrid: Trotta, 2005, p. 63-67.

2. decisões *manipuladoras*, compreendendo também duas subespécies:

2.1. sentenças *aditivas*; e

2.2. sentenças *substitutivas*.

No que respeita à magistratura ordinária, Guastini observa que a *interpretação conforme* ou de *adequação* ocorre sempre que, em qualquer processo, o juiz rechaça uma exceção de ilegitimidade constitucional, aduzindo que essa pretensão é manifestamente infundada, porque o dispositivo questionado é suscetível de interpretação conforme com a Constituição. Ademais, esclarece esse jurista italiano que tal procedimento é avalizado tanto pela Corte de Cassação quanto pelo Conselho de Estado e pela própria Corte Constitucional.

Quanto às espécies de decisões interpretativas em sentido estrito, ele nos diz que as sentenças *interpretativas de rechaço* são aquelas em que, sempre que o texto legal admita duas interpretações – uma conforme e outra contrária à Constituição –, a Corte Constitucional declara infundada a questão de inconstitucionalidade, *sob a condição de que* se extraia do dispositivo sob exame uma norma compatível com a Constituição. Dessa maneira, o enunciado – como tal – permanece válido, mas só poderá ser interpretado de maneira conforme à constituição. Isso significa dizer que, implicitamente, e sob pena de vir a considerá-la nula, a Corte proíbe que se dê ao citado dispositivo interpretação contrária à Constituição.

Já as sentenças *interpretativas de aceitação*, que acarretam a anulação de decisões submetidas à Corte

Constitucional, são as que decorrem de julgados das instâncias ordinárias que optaram por interpretações ofensivas à Constituição, muito embora os dispositivos questionados comportassem a extração de normas compatíveis com a Lei Maior. Nesses casos, o Tribunal Constitucional declara que a questão de legitimidade constitucional tem fundamento e anula a interpretação escolhida pela magistratura comum, via de regra pela Corte de Cassação. Como resultado dessa decisão, a Corte Constitucional não anula o dispositivo *mal interpretado*, mas apenas uma das suas interpretações, dizendo que esse preceito é inconstitucional se interpretado de modo contrário à constituição ou *na parte em que expressa uma norma inconstitucional*. Também nesse caso, prossegue Guastini, o preceito questionado continua válido, mas a norma extraída de sua interpretação inconstitucional é anulada em caráter definitivo e com eficácia *erga omnes*.

As chamadas decisões *manipuladoras* ou *normativas* são as sentenças de aceitação, em que a Corte Constitucional não se limita a declarar a inconstitucionalidade das normas, mas – agindo como legislador positivo –, modifica (= manipula) diretamente o ordenamento jurídico, adicionando-lhe ou substituindo-lhe normas, a pretexto de ou com o propósito de adequá-lo à Constituição. Daí as chamadas sentenças *aditivas* e *substitutivas*, como subespécies das decisões normativas ou manipuladoras.

Denominam-se sentenças *aditivas* aquelas em que a Corte Constitucional declara a inconstitucionalidade de uma disposição, *na parte em que não expressa determinada norma*, que deveria conter para ser compatível com a Constituição.

HERMENÊUTICA CONSTITUCIONAL. CONCEITO, CARACTERÍSTICAS, MÉTODOS, PRINCÍPIOS E LIMITES...

Via de regra, essa espécie de sentença decorre da aplicação do princípio da igualdade, nas situações em que alguma lei concede benefício a certo grupo de pessoas, mas deixa de contemplar outros indivíduos, que se encontram em igualdade de condições com os beneficiados. Nesses casos, a Corte declara inconstitucional a norma, *na parte em que não confere o mesmo tratamento ao grupo por ela excluído*. Como, de outro lado, essa parte da norma não existe, até porque não integra formalmente o texto – e o texto é o *portador do significado*, como adverte Ricoeur[158] –, a Corte, em tese, cria norma *autônoma*, que estende aos excluídos o benefício antes concedido apenas aos indivíduos expressamente contemplados no texto/norma objeto de julgamento.

Segundo Guastini, nesses casos, em rigor, a Corte não declara a inconstitucionalidade do texto/norma que delimita o universo dos seus beneficiários – o que lhes cancelaria o benefício sem concedê-lo aos demais. Ela reconhece a inconstitucionalidade de outra norma, implícita, extraída do texto com o argumento *a contrario*, ou seja, da norma que nega o mesmo direito a indivíduos merecedores de idêntico tratamento. Isso só é possível, arremata esse mestre italiano, porque se entende que a anulação de uma norma que nega determinado direito implica a concessão do direito por ela negado.

As sentenças *substitutivas* definem-se como as decisões em que a Corte declara a inconstitucionalidade de um preceito, *na parte em que expressa certa norma em lugar de*

---

[158] Paul Ricoeur. Ensaios de interpretação bíblica. São Paulo: Novo Século, 2004, p. 63.

outra, substancialmente distinta, que dele deveria constar, para que fosse compatível com a Constituição. Atuando dessa forma, a Corte não apenas anula a norma impugnada, como também a *substitui* por outra, essencialmente diferente, criada pelo próprio tribunal, o que implica a produção heterônoma de atos legislativos ou de um *direito judicial*, como o denomina Prieto Sanchís[159], para quem tais normas já nascem enfermas, porque desprovidas de fundamento democrático. Apesar dessa ressalva, esse jurista pondera que, embora os juízes não ostentem uma *legitimidade de origem*, da qual desfruta o Parlamento, por força de eleições periódicas, é de se reconhecer à magistratura uma *legitimidade de exercício*, de resto passível de controle pela crítica do seu comportamento.

Nesse quadro, soa plausível a advertência de que caminhamos para uma onipotência judicial ou, se preferirmos, para um novo *governo dos juízes*, em que as grandes decisões políticas se vão deslocando do Legislativo e do Executivo para Judiciário.

Ilustrativo desse *judiciarismo* é o fato de que, em alguns países centrais, ao mesmo tempo em que as Cortes Constitucionais controlam o Poder Legislativo, e os Tribunais de Contencioso Administrativo, as ações do Poder Executivo, as Cortes de Cassação impõem sua visão do direito aos demais órgãos do Poder Judiciário – como

---

[159] Luis Prieto Sanchís. *Ideología e interpretación jurídica*. Madrid: Tecnos, 1993, p. 118.

ressalta Alfonso Figueroa[160] – no âmbito de estrutura fechada e fortemente hierarquizada.[161] Tudo somado nos sugere comparar essa nova ordem jurídica a um modernista edifício judicial, de linhas ousadas, construído sobre os escombros da antiga pirâmide normativa de Kelsen[162].

Parece, assim, justificada a assertiva de Rubio Llorente de que, atualmente, a *Teoria da Interpretação* é o núcleo essencial da Teoria da Constituição. Tendo em conta que o Estado contemporâneo é precisamente o Estado Constitucional, a teoria hermenêutica também está na base da Teoria do Estado e, nalguma medida, da própria Teoria do Direito, porque os traços fundamentais do chamado *novo constitucionalismo* – a depender do ponto de vista em que os encaremos –, tanto podem ser causa como decorrência da interpretação constitucional.[163]

Em conclusão, no tópico, não existindo limites definidos à criatividade hermenêutica em nenhum ramo do direito, mas sendo indispensável um mínimo de controle do inevitável protagonismo dos intérpretes/aplicadores, para reduzir o "resíduo incômodo" de voluntarismo, inerente a qualquer ato de aplicação do direito, deve a hermenêutica

---

[160] Alfonso García Figueroa. *La teoría del derecho en tiempos de constitucionalismo*, in Neoconstitucionalismo(s). Madrid: Trotta, 2005, p. 168.

[161] Eugenio Raúl Zaffaroni. *Estructuras judiciales*. Buenos Aires: Ediar, 1994, p. 91-118.

[162] Hans Kelsen. Teoria pura do direito. Coimbra: Arménio Amado, vol. 2, 1962, p. 64-65.

[163] Francisco Rubio Llorente. *La interpretación de la Constitución, in La forma del poder: estudios sobre la Constitución*. Madrid: Centro de Estudios Constitucionales, 1997, p. 573.

constitucional, em deferência à segurança jurídica, reforçar a virtualidade dos seus cânones interpretativos – métodos e princípios –, cuja observância constitui dever funcional dos intérpretes/aplicadores oficiais do direito, em todos os graus de jurisdição. Igualmente, a própria sociedade deve ser instada à necessidade de se observarem esses instrumentos de racionalização do processo decisório, em matéria constitucional, pois todo aquele que vive em um Estado de Direito tem legitimidade para interpretar a Constituição e zelar pela sua supremacia.[164]

---

[164] Peter Häberle. Hermenêutica constitucional. A sociedade aberta dos intérpretes da Constituição: contribuição para a interpretação pluralista e "procedimental" da Constituição. Porto Alegre: Sergio Antonio Fabris Editor, 1997.

7
MUTAÇÃO CONSTITUCIONAL: CONCEITO, ESPÉCIES E LIMITES

7.1. Conceito de mutação constitucional

Assim como o problema dos limites da interpretação não se coloca, com exclusividade, nos domínios da hermenêutica jurídica, também as mutações normativas, ou seja, as alterações do sentido dos enunciados, conservando intacta a sua roupagem verbal, não configuram nenhum "privilégio" dos textos constitucionais, antes pertencendo aos preceitos jurídicos em geral. A *Semântica Jurídica* é um capítulo ou setor da Semântica Geral, em cujo âmbito se estudam, sem demarcação de fronteiras, as "mudanças ou translações sofridas, no tempo e no espaço, pela significação das palavras."[165]

Ademais, se a *textura aberta* é característica da linguagem normativa *em geral*, e não apenas do linguajar do direito, também careceria de sentido cogitar-se da existência

---

[165] *Dicionário Aurélio 1997, p. 573 – século XXI*. Rio de Janeiro: Nova Fronteira, 1999, verbete *Semântica*, p. 1832.

de um "falar" tipicamente constitucional, que legitimasse a ocorrência de mutações nos enunciados da Constituição não encontráveis nos falares vigentes noutros ramos do direito, em que pese reconhecer-se que – por sua natureza e função –, os textos constitucionais são necessariamente mais *abertos* do que aqueles que veiculam os demais comandos jurídicos.

Assentadas essas premissas, as mutações constitucionais nada mais são que alterações semânticas dos preceitos da Constituição, em decorrência de modificações histórico--sociais ou fático-axiológicas em que se concretiza sua aplicação, tal qual nos ensina Miguel Reale, com a profundidade e a elegância de costume, nas linhas a seguir.

"Leis há (e estamos aqui dando preferência ao estudo das leis ou normas legais, apenas pela facilidade de exposição, *sendo, no entanto, as observações válidas para todas as espécies de normas jurídicas*) leis há, sem dúvida, que durante todo o período de sua vigência, sofrem pequenas alterações semânticas, mantendo quase intocável a sua conotação originária. Isso ocorre quando não se verifica mudança de relevo na *tábua dos valores sociais*, nem inovações de monta no concernente aos *suportes fáticos.*"

Muitas vezes as palavras das leis conservam-se imutáveis, mas o seu significado inicial sofre um processo de erosão ou de enriquecimento, em virtude da interferência de fatores diversos, que vêm amoldar a sua letra a um *novo espírito*, a uma imprevista *ratio juris*, que atribui nova direção aos enunciados jurídicos. Tais modificações de sentido dos textos, que se mantêm inalterados, constituem as chamadas

MUTAÇÃO CONSTITUCIONAL:
CONCEITO, ESPÉCIES E LIMITES

mutações normativas, as quais, no dizer de Reale[166], podem resultar:

"a) do impacto de *valorações* novas, ou de mutações imprevistas na hierarquia dos valores dominantes;

b) da superveniência de *fatos* que venham modificar para mais ou para menos os *dados* da incidência normativa;

c) da intercorrência de outras normas, que não revogam propriamente uma regra em vigor, mas interferem no seu campo ou linha de interpretação;

d) da conjugação de dois ou até dos três fatores acima discriminados." (os grifos são nossos).

Vistas nessa perspectiva, portanto, as mutações constitucionais decorrem – nisto residiria a sua especificidade – da conjugação da *peculiaridade* da linguagem constitucional, aberta, polissêmica e indeterminada, com os *fatores externos*, de ordem econômica, social e cultural, que a Constituição – pluralista por antonomásia –, intenta regular e que, dialeticamente, interagem com ela, produzindo leituras sempre renovadas das mensagens enviadas pelo constituinte.

7.2. Espécies de mutação constitucional

Analisada à luz de suas causas, pode-se dizer – com Dau-Lin [167] – que a mutação constitucional é um *estado de*

---

[166] Miguel Reale. Filosofia do direito. São Paulo: Saraiva, 1982, p. 563-564.

[167] Hsü Dau-Lin, *Mutación de la Constitución*. Bilbao: Instituto Vasco de Administración Pública, 1998, p. 29 e 31.

incongruência entre as normas constitucionais, de um lado, e a realidade constitucional, por outro, e que essa anomalia é provocada:

a) mediante uma prática estatal que não viola formalmente a Constituição;

b) pela impossibilidade de se exercerem certos direitos estatuídos constitucionalmente;

c) por uma prática estatal contraditória com a Constituição; ou, ainda,

d) através de interpretação, situação de anormalidade que se normaliza ou se ultrapassa no curso da própria práxis constitucional.

7.3. Limites da mutação constitucional

Os limites da mutação constitucional, tal como os limites da interpretação dos enunciados jurídicos, não constituem problema específico da hermenêutica jurídica. Antes de se apresentarem como questão específica dos realizadores da Constituição, suscitam controvérsias entre os operadores do direito, em geral, dado que quaisquer textos – e não apenas os jurídicos – expõem-se à ação do tempo, que neles atua para consolidar, modificar ou sepultar alguns de seus múltiplos significados. Não só os textos das constituições – observa Loewenstein –, mas tudo o que vive participa do *panta rhei* heraclitiano da eterna transformação[168].

---

[168] Karl Loewenstein. *Teoría de la Constitución*. Barcelona: Ariel, 1979, p.164.

MUTAÇÃO CONSTITUCIONAL:
CONCEITO, ESPÉCIES E LIMITES

No caso específico das Cartas Políticas, essas novas compreensões da fala constitucional só exprimem o modo como seus operadores, imersos em concretas situações hermenêuticas, vão transformando o direito legislado em direito interpretado, ao compasso das alterações histórico-sociais na concretização dos mandamentos constitucionais. Por isso, se por mutação constitucional se entender, apenas, a alteração do sentido de texto, em razão da modificação do contexto, então se pode afirmar que, em rigor, não há diferença substancial entre os limites da interpretação constitucional e os limites da mutação constitucional, porque não existe distinção entre mutações constitucionais e variações de interpretações constitucionais: as duas expressões, embora distintas, referem-se a uma só e mesma coisa, ou seja, às novas leituras – *novas leituras*, nada mais que isso – do mesmo texto constitucional, em decorrência de causa comum, isto é, das transformações da realidade constitucional subjacente.

O mesmo não se poderá dizer, no entanto, se considerarmos que as transições ou mutações constitucionais são fenômenos muito mais complexos, decorrentes de múltiplos fatores, e não simples modificações de significado de textos que, apesar disso, permanecem intactos em sua primitiva configuração verbal, como explicado por Canotilho em frase lapidar – "muda o sentido sem mudar o texto" [169].

---

[169] J. J. Gomes Canotilho. Direito constitucional e teoria da Constituição. Coimbra: Almedina, 1998, p. 1101.

Também é problema de ordem geral e não apenas da experiência constitucional, em particular, a questão da legitimidade das mutações normativas, pois a linguística já reconhece que a atribuição de novos significados a uma palavra equivale à criação de palavras novas[170]. No Direito, as novas leituras de um texto velho implicam a criação de outras ordenações de conduta, dada a substancial distinção entre texto e norma, hoje tranquilamente aceita[171].

Por isso, todos os juristas, e não apenas os intérpretes/aplicadores da Constituição, quando analisam os processos informais de criação do direito por via interpretativa, advertem à partida: uma coisa são as leituras que, mesmo novas, ainda se mantenham no espectro dos significados aceitáveis de um texto jurídico, e outra, bem distinta, são as criações sub-reptícias de novos preceitos, mediante interpretações que ultrapassam o sentido linguisticamente possível dos enunciados jurídicos e acabam por transformar seus intérpretes em legisladores sem mandato.

Externando essa preocupação, Canotilho afirma que, muito embora não se deva entender a Constituição como texto estático e rígido, completamente indiferente às alterações da realidade, isso não significa entregar seu texto à discrição dos intérpretes/aplicadores, liberando-os para leituras que,

---

[170] Michel Bréal, *Essai de Sémantique: science des significations*, Paris: Hachette, 1913, p. 146.

[171] Friedrich Müller. Métodos de trabalho do direito constitucional. Porto Alegre: Síntese, 1999, p. 45-46 e 48.

MUTAÇÃO CONSTITUCIONAL: CONCEITO, ESPÉCIES E LIMITES

realizadas à margem ou além da fala constitucional, acarretem alterações não permitidas pela Constituição[172].

O tema, que preocupa os juristas, em geral, assume especial relevo entre os que trabalham com a Constituição, porque o efeito irradiante da interpretação constitucional espraia mesmo as leituras não autorizadas de seu texto por todo o ordenamento jurídico e nele provocam estragos, pelo menos, até que sejam retiradas de circulação.

Levadas a tais extremos, ou aceitas sem maior cuidado pela lei do menor esforço – afinal, todos sabem que novas interpretações, assim como as chamadas recepções, são formas abreviadas de criação do direito –, essas mutações constitucionais acabam afetando o *núcleo duro* das constituições, aquele conteúdo essencial que as próprias cartas políticas, para não perder a identidade, cautelosamente protegem contra tudo e contra todos, mas, em especial, contra as tentações dos seus reformadores de plantão. Daí a existência das chamadas *cláusulas pétreas* ou garantias de eternidade, como as da Constituição brasileira, cujo art. 60, § 4º, estatui/adverte, peremptoriamente, que não será objeto de deliberação, nem *sequer de deliberação*, qualquer proposta de emenda tendente – isso mesmo, apenas *tendente* – a abolir a forma federativa de Estado; o voto direto, secreto, universal e periódico; a separação dos Poderes; e os direitos e garantias individuais.

---

[172] J. J. Gomes Canotilho. Direito constitucional e teoria da Constituição. Coimbra: Almedina, 1998, p. 1101-1102.

Em que pese ao teor desse comando e de outros seme-
lhantes, caso existentes noutras constituições, o fato é que,
mesmo reputadas *cláusulas pétreas*, essas disposições não
falam por si. Como todas as palavras dependem da compreensão dos seus usuários – no jogo de linguagem de que
participam[173]–, sejam esses usuários os cidadãos comuns,
que no cotidiano da sua existência realizam a Constituição,
ou os destinatários oficiais dessas disposições – legisladores, juízes e autoridades administrativas –, cuja fidelidade
à Carta Política é imprescindível à proteção de seu *núcleo
essencial*. Não por acaso, ao instituir o Supremo Tribunal
Federal, a nossa Constituição como que se entregou, por inteiro, à guarda dessa Corte, mesmo sabendo – ou porque o
soubesse –, que sua integridade dependeria, exclusivamente, da dignidade dos seus juízes, porque de armas não dis-
põem. A integridade da Constituição depende da integridade de seus guardiões.

---

[173] Ludwig Wittgenstein. Investigações filosóficas. Lisboa: Gulbenkian, 1995,
p. 207: "Para uma grande classe de casos — embora não para *todos* — do
emprego da palavra 'sentido' pode dar-se a seguinte explicação: o sentido
de uma palavra é o seu uso na linguagem."

8
A *PANCONSTITUCIONALIZAÇÃO* DO ORDENAMENTO JURÍDICO E A TRANSFORMAÇÃO DA HERMENÊUTICA CONSTITUCIONAL EM TEORIA DO CONHECIMENTO DO DIREITO

Fenômeno relativamente recente, pelo menos sob esse nome, que vem sendo chamado de *constitucionalização do Direito*, é o propósito, alimentado e realizado, sobretudo após a Segunda Guerra Mundial – fato registrado pelo clássico Mirkine Guetzévitch[174] –, de se apreender, nas malhas da normatividade constitucional, todo o conjunto da vida social, sobretudo nos países em que as cartas políticas promulgadas após o interlúdio rebarbarizante do nazismo deixaram de ser apenas aqueles textos exortativos da democracia e das liberdades públicas, para se converterem em documentos dotados de *força normativa* própria e de aplicabilidade direta e imediata – *e.g.* a Lei Fundamental de Bonn,

---

[174] Boris Mirkine-Guetzévitch. Les constitutions européennes. Paris: PUF, 1951, p. 17; e Evolução_constitucional europeia. Rio de Janeiro: José Konfino, 1957, p. 29-30.

de 1949, e a Constituição Italiana, de 1948 –, sem terem de esperar pelas sempre demoradas mediações/conformações legislativas. Daí a mais sugestiva palavra de ordem do movimento denominado *novo constitucionalismo* – "mais Constituição do que leis" –, a conclamar os operadores do direito a "falarem" diretamente com a Carta Política, sob a crença de que seu texto lhes proverá de soluções adequadas para todas "as crises dos negócios humanos". O mesmo viria a ocorrer, um pouco mais adiante, em Portugal, na Espanha e no Brasil, cujas Constituições são igualmente dotadas de injuntividade imediata, tornadas efetivas por tribunais constitucionais independentes, encarregados de velar pela supremacia dessas constituições e pela imperatividade de seus preceitos. Atualmente, esse modelo de tribunais constitucionais, situados fora e acima da tradicional tripartição dos poderes estatais[175], está presente praticamente em todas as democracias contemporâneas, com do Reino Unido, da Holanda e de Luxemburgo, que mantêm o padrão de supremacia parlamentar.[176]

Ao ver de Guastini, que prefere chamar o fenômeno de *neoconstitucionalização do ordenamento jurídico, a constitucionalização do direito* é processo de transformação de um ordenamento jurídico, ao termo do qual ele se torna totalmente *impregnado* por normas constitucionais e se caracteriza por uma Constituição extremamente invasiva e

---

[175] Mauro Cappelletti. *O controle de constitucionalidade das leis no sistema das funções estatais*, in Revista de Direito Processual Civil. São Paulo: Saraiva, vol. 3, 1961, p. 38.

[176] Luís Roberto Barroso. *Neoconstitucionalismo e constitucionalização do direito*. Themis, Revista da Escola Superior da Magistratura do Estado do Ceará, vol. 4, nº 2, p. 65.

intrometida, capaz de condicionar tanto a legislação como a jurisprudência e a doutrina, a ação dos atores políticos, assim como as relações sociais.[177] Para Roberto Barroso, a constitucionalização do Direito associa-se ao efeito expansivo das normas constitucionais, cujo conteúdo material e axiológico se irradia, com força normativa, por todo o sistema jurídico, de tal sorte que os valores, os fins públicos e os comportamentos contemplados nos princípios e regras da Constituição passam a condicionar a validade e o sentido de todas as normas do direito infraconstitucional, repercutindo não apenas sobre a atuação dos três Poderes, mas também nas relações entre particulares. Mais ainda, prossegue Barroso, nesse ambiente a Constituição passa a ser não apenas um sistema em si – com a sua ordem, unidade e harmonia –, mas também um modo de olhar e interpretar todos os demais ramos do Direito, reinterpretando os seus institutos sob uma ótica constitucional. Do Código Civil, antes a sobranceira "constituição do homem comum", às mais comezinhas regras jurídicas, de ínfima hierarquia, tudo vai se constitucionalizando, a tal ponto que a expressão *norma normarum*, que antes significava ver a Constituição como simples *fonte das fontes do direito*, sem aplicação direta e imediata às relações sociais, essa expressão assume um novo e superior sentido, qual seja, o de *norma fundamental*, que, além de ser, ela mesma, fonte do direito, filtra todas as outras, para dizer da sua validade, só reconhecida se compatível com as regras e princípios constitucionais, na sua

---

[177] Riccardo Guastini. La *"constitucionalización" del ordenamiento jurídico: el caso italiano*, in Neoconstitucionalismo(s). Miguel Carbonell (Org.). Madrid: Trota, 2005, p. 49.

forma quanto em seu conteúdo.[178] Ilustrando esse processo de "invasão" de praticamente todos os ramos da enciclopédia jurídica, Roberto Barroso cita vários julgados do STF, veredictos que, a seu ver, contribuíram para o avanço social no Brasil e, mesmo sendo todos de natureza tipicamente constitucional, produzem impacto em ramos específicos do Direito, desde o *direito civil*, que disciplina as relações entre *iguais*, até as normas que regem as relações entre *diferentes*, como os *direitos das mulheres*, dos *deficientes físicos* e de *proteção das minorias*, entre outros segmentos sociais diferenciados, mas igualmente protegidos pela Constituição[179].

Dá-se, assim, um reaparecimento da pirâmide normativa de Kelsen, antes puramente descritiva do modo de produção/aplicação das normas – a *nomodinâmica* –, mas, agora, parâmetro de controle da validade formal e material de tudo quanto se produz ou se produziu no ordenamento jurídico brasileiro, eis que as normas pré-constitucionais tiveram trocado o seu *fundamento de validade*, passando a vigorar como *direito novo*, recepcionado e, assim, recriado pela Carta Política de 1988. Exatamente por isso Kelsen qualifica a "recepção" de normas pré-constitucionais como "procedimento abreviado de criação jurídica"[180].

---

[178] Cláudio Pereira de Souza Neto & Daniel Sarmento. *A constitucionalização do Direito*, in Direito Constitucional: teoria, história e métodos de trabalho. Belo Horizonte: Editora Fórum, 2013, p. 39.

[179] Luís Roberto Barroso. A judicialização da vida e o papel do Supremo Tribunal Federal. Belo Horizonte: *Fórum*, 2018, p. 121-122.

[180] Hans Kelsen. *Teoría General de Derecho y del Estado*. México: Unam, 1969, p. 138.

A *PANCONSTITUCIONALIZAÇÃO* DO ORDENAMENTO
JURÍDICO E A TRANSFORMAÇÃO DA HERMENÊUTICA...

Dessa forma, repita-se, a Constituição retém, embebe e "constitucionaliza", com sua normatividade, todos os modelos jurídicos que regulam a vida social, desde aqueles de maior hierarquia – como as emendas, reformas e revisões do seu texto, que, para serem válidas, hão de guardar conformidade com a Carta Política –, até as relações entre particulares, outrora vistas como expressão da autonomia da vontade individual para criar direitos e obrigações nos chamados "espaços livres do direito"[181]. Sob essa nova compreensão, diz-nos Rubio Llorente: "toda Constituição que assim se possa chamar é fonte do Direito no sentido pleno da expressão, ou seja, origem mediata e imediata de direitos e obrigações e não apenas fonte das fontes"[182]. Por isso, não configura nenhum exagero dizer-se que, na *panconstitucionalização da vida social*, direito é o direito constitucional, e direito constitucional será qualquer preceito – expresso ou implícito –, que se contenha na Constituição ou ingresse no ordenamento em conformidade – formal e material – com aquilo nela estabelecido. Em síntese, não há mais direito senão direito constitucional, seja em *estado puro*, – normas

---

[181] Ver, sobre o tema, entre outros autores brasileiros, André Rufino do Vale. Eficácia dos direitos fundamentais nas relações privadas. Porto Alegre: Sergio Antonio Fabris Editor, 2004; Daniel Sarmento. Direitos fundamentais e relações privadas. Rio de Janeiro: Lúmen Juris, 2004; Thiago Santos Sombra. A eficácia dos direitos fundamentais nas relações jurídico-privadas. Porto Alegre: Sergio Antonio Fabris Editor, 2004; e Virgílio Afonso da Silva. A constitucionalização do direito: os direitos fundamentais nas relações entre particulares. São Paulo: Malheiros, 2008.

[182] Francisco Rubio Llorente. *La forma del poder: estudios sobre la Constitución*. Madrid: Centro de Estudios Constitucionales, 1997, p. 52.

dispondo sobre a controvertida *matéria constitucional*[183]–, seja *constitucionalizado*, quando as suas normas dispuserem, direta ou indiretamente, sobre assuntos tradicionalmente havidos como próprios dos outros ramos do direito – administrativo, bancário, civil, comercial, marítimo, penal, processual, tributário, urbanístico, etc.[184] –, tanto mais numerosos e/ou diversificados, quanto mais complexa for a realidade social a ser objeto de regulação pelo direito. Qual um rei Midas, a Carta Política constitucionaliza tudo quanto resolva submeter às suas regras e aos seus princípios, sejam eles expressos, implícitos ou acrescidos por construções hermenêuticas. Dessa constitucionalização *total* resulta que a hermenêutica jurídica geral passa a ser a específica *hermenêutica constitucional*, cujos métodos e princípios, antes restritos à compreensão, interpretação e aplicação da Constituição, convertem-se em cânones hermenêuticos para todo o ordenamento jurídico, uma verdadeira revolução teórica e prática, se tivermos presente a observação de Rubio Llorente de que, hoje, a *Teoria da Interpretação* é o núcleo essencial da Teoria da Constituição, da Teoria do

---

[183] Declaração dos Direitos do Homem e do Cidadão, de 1789, Art. 16: *A sociedade em que não esteja assegurada a garantia dos direitos nem estabelecida a separação dos poderes não tem Constituição*; Constituição do Império do Brasil, de 1824, Art. 178. *É só constitucional o que diz respeito aos limites e atribuições respectivas dos Poderes Políticos, e aos direitos políticos e individuais dos cidadãos*. Tudo, o que não é constitucional, pode ser alterado sem as formalidades referidas, pelas Legislaturas ordinárias.

[184] Cláudio Pereira de Souza Neto & Daniel Sarmento. Direito Constitucional: teoria, história e métodos de trabalho. Belo Horizonte: Editora Fórum, 2013, p. 39-40.

Estado e, também, da própria Teoria do Direito[185]. Noutro dizer, os diferentes ramos da Enciclopédia Jurídica nascem e se desenvolvem *sub constitutionem,* cujo DNA está presente em todas essas criaturas constitucionais[186]. Essa revolução se torna ainda mais significativa – talvez se devesse dizer impactante –, se concordarmos com estas palavras do bispo Hoadly, relembrado por Kelsen: "Aquele que tem uma autoridade *absoluta* para *interpretar* quaisquer normas jurídicas, escritas ou faladas, é em realidade o verdadeiro legislador para todos os fins e propósitos, e não a pessoa que pela primeira vez as escreveu ou transmitiu verbalmente."[187] Sob essa compreensão, que a realidade tem confirmado ao longo do tempo, as atuais *Súmulas Vinculantes* do STF não são sequer novidadeiras, antes apenas um vestido novo para a velha e imemorial criação judicial do direito.

Pois evitar que essa *panconstitucionalização* se mostre caótica e que qualquer sinal de presença da Constituição, em modelos jurídicos de menor hierarquia, seja considerado constitucionalização", Guastini formulou as "condições de constitucionalização". Uma vez satisfeitas em sua totalidade, permitirão dizer-se que o ordenamento jurídico de que se trate estará "impregnado" por normas constitucionais. Para esse emérito jurista italiano, são em número

---

[185] Francisco Rubio Llorente. *La forma del poder: estudios sobre la Constitución La forma del poder: estudios sobre la Constitución.* Madrid: Centro de Estudios Constitucionales, 1997, p. 573.

[186] Luís Roberto Barroso. Curso de Direito Constitucional Contemporâneo. São Paulo: Saraiva, 2014, p.108-109.

[187] Hans Kelsen. *Teoría General del Derecho y del Estado.* México: UNAM, 1969, p. 182-183.

de sete essas condições de constitucionalização, a saber: 1) uma Constituição rígida; 2) garantia jurisdicional da Constituição; 3) força vinculante da Constituição; 4) "sobreinterpretação" da Constituição; 5) aplicação direta da Constituição; 6) interpretação das leis em conformidade com a Constituição; 7) influência da Constituição sobre as relações políticas.

Conferindo se em nosso sistema jurídico estão presentes e satisfeitas todas essas condições – o que parece ocorrer, efetivamente, entre nós –, então o ordenamento jurídico brasileiro está totalmente "impregnado" por normas constitucionais, com todas as consequências daí advindas. A maior delas é compactarem-se nossos modelos jurídicos – legislativos, jurisprudenciais, consuetudinários e negociais – no macromodelo constitucional e atribuir-se à hermenêutica constitucional a metafunção de "interpretar as interpretações" de todas as normas vigentes no direito brasileiro, para convalidá-las ou impugná-las, se conformes ou desconformes com as regras e princípios da Carta Política de 1988.

Nesse cenário, o direito constitucional brasileiro já "engoliu" os demais ramos do nosso direito, assim como, ao ver de Radbruch, o direito administrativo teria engolido o civil[188].

---

[188] Gustav Radbruch. Introdução à Ciência do Direito. São Paulo: Martins Fontes, 1999, p. 174.

9
CONCLUSÃO

Assente que a hermenêutica jurídica serve de paradigma às ciências do espírito[189]; que o ordenamento jurídico brasileiro está totalmente "impregnado" por normas constitucionais; e que, no Brasil, esse *modus operandi* hermenêutico-constitucional – *subtilitas intelligendi; subtilitas explicandi; subtilitas applicandi* [190] – tornou-se obrigatório à compreensão/interpretação/aplicação de quaisquer modelos jurídicos, em decorrência do fenômeno da *constitucionalização do direito*, então parece válido concluir-se que, atualmente, o conhecimento do sistema jurídico brasileiro confunde-se ou se identifica com o conhecimento da nossa Constituição e que, por isso, a hermenêutica constitucional – como *ciência de si mesma* –, assumiu o papel de *teoria do conhecimento do direito*.

Brasília, 15 de setembro de 2019.

---

[189] Hans-Georg Gadamer. Verdade e Método. Petrópolis-RJ: Vozes, 1997, tópico 2.2.3, p. 482-505.

[190] Hans-Georg Gadamer. Verdade e Método. Petrópolis-RJ: Vozes, 1997, p. 459-465.

REFERÊNCIAS BIBLIOGRÁFICAS

AARNIO, Aulis. Derecho, racionalidad y comunicación social. México: Fontamara, 1995.

ABBAGNANO, Nicola. Dicionário de Filosofia. São Paulo: Martins Fontes, 2000.

ABELLÁN, Marina Gascón. *Los límites de la justicia constitucional: el Tribunal Constitucional entre jurisdicción y legislación*, in Constitución: problemas filosóficos. Madrid: Centro de Estudios Políticos y Constitucionales, 2003.

AGUILAR, Juan Fernando López. Lo constitucional en el derecho: sobre la idea e ideas de Constitución y orden jurídico. Madrid: Centro de Estudios Políticos y Constitucionales, 1998.

ALEXY, Robert. Teoría de la argumentación jurídica. Madrid: Centro de Estudios Constitucionales, 1989.

AMADO, Juan Antonio García. Teorías de la tópica jurídica. Madrid: Civitas, 1988.

ANCEL, Marc. Utilidade e métodos do direito comparado. Porto Alegre: Sérgio Antonio Fabris Editor, 1980.

ANZON Adele *et al.* Il principio di ragionevolezza nella giurisprudenza della Corte Costituzionale: riferimenti comparatistici. Milano: Giuffrè, 1994.

AYER, A. J. O problema do conhecimento. Lisboa: Editora Ulisseia, s/d.

BARROSO, Luís Roberto. A judicialização da vida e o papel do Supremo Tribunal Federal. Belo Horizonte: Fórum, 2018.

_____. Curso de Direito Constitucional Contemporâneo. São Paulo: Saraiva, 2014.

BARROSO, Luís Roberto. *Neoconstitucionalismo e constitucionalização do direito,* in Themis, Revista da Escola Superior da Magistratura do Estado do Ceará, vol.4, nº 2.

BARTHES, Roland. Elementos de Semiologia. São Paulo: Cultrix, 2006.

BAZARIAN, Jacob. O problema da verdade: teoria do conhecimento. São Paulo: Alfa-Omega, 1985.

BETTI, Emilio. Interpretación de la ley y de los actos jurídicos. Madrid: Revista de Derecho Privado, 1975.

BITTENCOURt, C. A. Lúcio. O controle jurisdicional da constitucionalidade das leis. Rio de Janeiro: Forense, 1949.

BLACKBURN, Simon. Dicionário Oxford de Filosofia. Rio de Janeiro: Jorge Zahar Editor, 1997.

BÖCHENFÖRDE, Ernst-Wolfgang. Escritos sobre derechos fundamentales. Baden-Baden: Nomos Verlagsgesellschaft, 1993.

BOCHENSKI, I.M. Los métodos actuales del pensamiento. Madrid: Ediciones Rialp, 1979.

Brasil, STF, ADI 1.158-8/AM, Rel. Ministro Celso de Mello, DJU, 26-5-1995, p. 15154.

Brasil, STF, Representação n. 1.417/DF, Min. Moreira Alves, RTJ, 126/48-72, p. 66.

REFERÊNCIAS BIBLIOGRÁFICAS

BRÉAL, Michel. Essai de Sémantique: science des significations. Paris: Hachette, 1913.

CANOTILHO, J. J. Gomes. Direito constitucional e teoria da Constituição. Coimbra: Almedina, 1998.

CAPPELLETTI, Mauro. Juízes legisladores? Porto Alegre: Sergio Antonio Fabris Editor, 1993.

_____. O controle de constitucionalidade das leis no sistema das funções estatais, in Revista de Direito Processual Civil. São Paulo: Saraiva, vol. 3, 1961.

CASSIRER, Ernst. Las ciencias de la cultura. México: Fondo de Cultura Económica, 1982.

CHISHOLM, Roderick M. Teoria do Conhecimento. Rio de Janeiro: Zahar Editores, 1969.

COELHO, Inocêncio Mártires. As ideias de Peter Häberle e a abertura da interpretação constitucional no direito brasileiro, in Revista de Informação Legislativa. Brasília, ano 35, n. 137, jan. / mar. 1998.

COHEN-TANUGI, Laurent. Le droit sans l'Etat. Paris: PUF, 1985.

Constituição do Império do Brasil, de 1824.

COSSIO, Carlos. La teoría egológica del derecho y el concepto jurídico de libertad. Buenos Aires: Abeledo-Perrot, 1964.

DASCAL, Marcelo. .Interpretação e compreensão. São Leopoldo: RS, Editora Unisinos, 2006.

DAU-LIN, Hsü. Mutación de la Constitución. Bilbao: Instituto Vasco de Administración Pública, 1998.

DAVID, René Os grandes sistemas do direito contemporâneo. São Paulo: Martins Fontes, 1986.

_____. *Les grands systèmes de droit contemporains*. Paris: Dalloz, 1966.

DÍAZ, Elias. Sociología y Filosofía del Derecho. Madrid: Taurus, 1982.

DILTHEY, Wilhelm. Crítica de la razón histórica. Barcelona: Ediciones Península, 1986.

_____. Introducción a las ciencias del espíritu. Madrid: Revista de Occidente, 1956.

DWORKIN, Ronald. O império do direito. São Paulo: Martins Fontes, 1999.

ECO, Umberto. Os limites da interpretação. São Paulo: Perspectiva, 1995.

FERNÁNDEZ-LARGO, Antonio Osuna. La hermenéutica jurídica de Hans-Georg Gadamer. Valladolid: 1992.

FRANK, Jerome. Derecho e incertidumbre. México: Fontamara, 2001.

GADAMER, Hans-Georg. A razão na época da ciência. Rio de Janeiro: Tempo Brasileiro, 1983.

_____. A virada hermenêutica. Petrópolis: RJ, Vozes, vol. II, 2007.

_____. Hermenêutica em retrospectiva. A virada hermenêutica. Petrópolis: RJ, Vozes, 2007.

_____. Le probléme de la conscience historique. Paris, Seuil, 1996.

_____. O problema da consciência histórica. Rio de Janeiro: FGV, 1998.

_____. occidental. Barcelona: Paidós, 1995.

_____. Verdad y método. Salamanca: Sígueme, v. 1, 1993.

REFERÊNCIAS BIBLIOGRÁFICAS

_____. Verdad y Método. Salamanca: Sígueme, vol. II, 1994.

_____. Verdade e método. Petrópolis-RJ, v. 1, 1997.

_____. Verdade e Método. Petrópolis-RJ: vol. II, 2002.

GARAUDY, Roger. Para conhecer o pensamento de Hegel. Porto Alegre: L & PM, 1983.

GARCÍA FIGUEROA, Alfonso. *La teoría del derecho en tiempos de constitucionalismo*, in Neoconstitucionalismo (s). Madrid: Trotta, 2005.

GARCÍA, Manuel Calvo. Los fundamentos del método jurídico: una revisión crítica. Madrid: Tecnos, 1994.

GASTON GRANGER, Gilles-. Formalismo y ciencias humanas. Barcelona: Ariel, 1965.

GUASTINI, Riccardo. Estudios sobre la interpretación jurídica. México: Porrúa, 2000.

_____. *La constitucionalización del ordenamiento jurídico: el caso italiano,* in Miguel Carbonell (Coord.) Neoconstitucionalismo(s). Madrid: Trotta, 2005.

HÄBERLE, Peter. El Estado constitucional. México: Unam, 2001.

_____. Hermenêutica constitucional. A sociedade aberta dos intérpretes da Constituição: contribuição para a interpretação pluralista e "procedimental" da Constituição. Porto Alegre: Sergio Antonio Fabris Editor, 1997.

HABERMAS, Jürgen. A Ética da Discussão e a Questão da Verdade. São Paulo: Martins Fontes, 2016.

_____. A Filosofia como guardador de lugar e como intérprete, in Consciência Moral e Agir Comunicativo. Rio de Janeiro: Tempo Brasileiro, 1989.

HART, Herbert L. A. Derecho y Moral - Contribuciones a su análisis. Buenos Aires: Depalma, 1962.

_____. O conceito de direito. Lisboa: Gulbenkian, 2007.

HESSE, Konrad. A força normativa da Constituição. Porto Alegre: Sergio Antonio Fabris Editor, 1991.

_____. El texto constitucional como límite de la interpretación, in Antonio López Pina (Coord.) División de Poderes e interpretación. Madrid: Tecnos, 1990.

_____. Elementos de Direito constitucional da República Federal da Alemanha. Porto Alegre, Sergio Antonio Fabris Editor, 1998.

_____. Escritos de derecho constitucional. Madrid: Centro de Estudios Constitucionales, 1983.

HESSEN, Johannes. Teoria do Conhecimento. Coimbra: Arménio Amado, 1987.

HOLMES, Oliver Wendell. O direito comum. Rio de Janeiro: O Cruzeiro, 1967.

JASPERS, Karl. Iniciação Filosófica. Lisboa: Guimarães Editores, 1987.

JUST, Gustavo. Interpréter les théories de l' interprétation. Paris: L'Harmattan. 2005

KAUFMANN, Arthur. Filosofia del derecho. Bogotá: Universidad Externado de Colombia, 1999.

KELLER, Albert. Teoria Geral do Conhecimento. São Paulo: Edições Loyola, 2009.

KELSEN, Hans. ¿Quién debe ser el defensor de la Constitución? Madrid: Tecnos, 1995.

REFERÊNCIAS BIBLIOGRÁFICAS

_____. *La garantie juridictionnelle de la Constitution (La Justice constitutionnelle)*, in Revue du Droit Public et de la Science Politique en France et a L'Étranger, Tomo XLV.

_____. Teoría General de Derecho y del Estado. México: Unam, 1969.

_____. Teoria pura do direito. Coimbra: Arménio Amado, vol. 2, 1962.

LALANDE, André. Vocabulário Técnico e Crítico da Filosofia. São Paulo: Martins Fontes, 1993.

LARENZ, Karl. Derecho justo: fundamentos de la ética jurídica. Madrid: Civitas, 1993.

_____. Metodologia da Ciência do Direito. Lisboa: Gulbenkian, 1989.

LEFEBVRE, Henri. Lógica formal, lógica dialéctica. Madrid, Siglo XXI de España: 1970.

LLORENTE, Francisco Rubio. La forma del poder: estudios sobre la Constitución. Madrid: Centro de Estudios Constitucionales, 1997.

LOEWENSTEIN, Karl. Teoría de la Constitución. Barcelona: Ariel, 1979.

LOSANO, Mario. Os grandes sistemas jurídicos. São Paulo: Saraiva, 2007.

LUKÁCS, Georg. História e consciência de classe. Estudos de dialética marxista. Porto: Portugal, Publicações Escorpião, 1974.

LUÑO, Antonio Enrique Pérez. Derechos humanos, Estado de Derecho y Constitución. Madrid: Tecnos, 1990.

MACHADO NETO, A. L. Problemas filosóficos das ciências humanas. Brasília: Editora da UnB, 1966.

MANNHEIM, Karl. Ideologia e Utopia. Rio de Janeiro: Zahar Editores, 1968.

MARITAIN, Jacques. Los Grados del Saber. Buenos Aires: Ediciones Desclée, de Brouwer, 1947.

MARQUES, Cláudia Lima. Contratos no Código de Defesa do Consumidor: o novo regime das relações contratuais. São Paulo: Revista dos Tribunais, 2002.

MARX, Karl & ENGELS, Friedrich. A Ideologia Alemã. Lisboa: Editorial Presença/São Paulo: Martins Fontes, 1980.

MEDEIROS, Rui. A decisão de inconstitucionalidade. Lisboa: Universidade Católica Editora, 1999.

MEDINA, Diego Eduardo López. Teoría impura del derecho: la transformación de la cultura jurídica latinoamericana. Bogotá: Legis, 2018.

MELLO, Patrícia Perrone Campos. Nos bastidores do STF. Rio de Janeiro: Forense, 2015.

_____. Precedentes – O desenvolvimento judicial do direito no constitucionalismo contemporâneo. Rio de Janeiro: Renovar, 2008

MENDES, Gilmar Ferreira. Direitos fundamentais e controle de constitucionalidade. São Paulo: Celso Bastos, 1998.

MIRKINE-GUETZÉVITCH, Boris. Evolução constitucional europeia. Rio de Janeiro: José Konfino, 1957.

_____. Les constitutions européennes. Paris: PUF, 1951.

MONCADA, Luís Cabral de. *Prefácio*, in Johannes Hessen. Filosofia dos Valores. Coimbra: Arménio Amado, 1967.

_____. Filosofia do Direito e do Estado. Coimbra: Arménio Amado, 1955, vol. I.

REFERÊNCIAS BIBLIOGRÁFICAS

_____. Filosofia do Direito e do Estado. Coimbra: Atlântida Editora, vol. II, 1966.

MONDOLFO, Rodolfo. Problemas e métodos de investigação na história da filosofia. São Paulo: Mestre Jou, 1969.

MONTESQUIEU. *De l'esprit des lois*, in Oeuvres complètes de Montesquieu. Paris: Chez Lefrèvre, 1859.

_____. Do Espírito das Leis. São Paulo: Difusão Europeia do Livro, 1962.

MORA, José Ferrater. Diccionario de Filosofía. Madrid: Alianza Editorial, vol. 2, E-J, 1986.

MORENTE, Manuel García. Lecciones Preliminares de Filosofia. Buenos Aires: Losada, 1957.

MORESO. José Juan. La indeterminación del derecho y la interpretación de la Constitución. Madrid: Centro de Estudios Políticos y Constitucionales, 1997.

MORIN, Edgar. O método 3: O conhecimento do conhecimento. Porto Alegre: Editora Sulina, 2005.

MOSER, Paul K. *et al.* A Teoria do Conhecimento: uma introdução temática. São Paulo: Martins Fontes, 2009.

MÜLLER, Friedrich. Métodos de trabalho do direito constitucional. Porto Alegre: Síntese, 1999.

NINO, Carlos Santiago. Consideraciones sobre la dogmática jurídica. México: Unam, 1974.

_____. Fundamentos de derecho constitucional. Buenos Aires: Astrea, 1992.

NUNES, Benedito. A Filosofia Contemporânea. São Paulo: Ática, 1991.

_____. Hermenêutica e Poesia. Belo Horizonte: Editora UFMG, 1999.

ORTEGA Y GASSET, José. ¿Que es Filosofia? in Obras Completas. Madrid: Revista de Occidente, Tomo VII, 1964.

_____. El nivel de nuestro radicalismo, in Obras Completas. Madrid: Revista de Occidente, Tomo VIII, 1965.

_____. Ideas y creencias, in Obras completas. Madrid: Revista de Occidente, Tomo. 5, 1964.

ORTIZ-OSÉS, Andrés. Antropologia hermenêutica. Lisboa: Escher, 1989.

PALASÍ, José Luis Villar. La interpretación y los apotegmas jurídico-lógicos. Madrid: Tecnos, 1975.

POPPER, Karl. A Lógica da Pesquisa Científica. São Paulo: Cultrix, 1980.

_____. A sociedade aberta e seus inimigos. São Paulo: Editora da USP/Belo Horizonte: Editora Itatiaia, 1974.

_____. O Mito do Contexto. Lisboa: Edições 70, 199.

PRADO JÚNIOR, Caio. Dialética do conhecimento. São Paulo: Editora Brasiliense, tomos I e II, 1955.

QUEIROZ, Cristina M. M. Direitos fundamentais: teoria geral. Coimbra: Coimbra Editora, 2002.

RADBRUCH, Gustav. Introdução à Ciência do Direito. São Paulo: Martins Fontes, 1999.

_____. Filosofia do direito. Coimbra: Arménio Amado, vol. 1, 1961.

REALE, Miguel. A dinâmica do Direito numa sociedade em mudança, in Estudos de Filosofia e Ciência do Direito. São Paulo: Saraiva, 1978.

REFERÊNCIAS BIBLIOGRÁFICAS

_____. *Dialética da experiência jurídica*, in Anacleto de Oliveira Faria (Coord.). Textos clássicos de filosofia do direito. São Paulo: RT, 1981.

_____. Filosofia do Direito. São Paulo: Saraiva, 1982.

_____. Fontes e modelos do direito – para um novo paradigma hermenêutico. São Paulo: Saraiva, 1994.

_____. *Fundamentos da concepção tridimensional do Direito*, in Revista Brasileira de Filosofia, vol. X, Fasc. IV, outubro/dezembro de 1960.

_____. *Gênese e vida dos modelos jurídicos – problemas de semântica jurídica*, in O Direito Como Experiência. São Paulo: Saraiva, 1968.

_____. Lições Preliminares de Direito. São Paulo: Saraiva, 1986.

_____. O direito como experiência. São Paulo: Saraiva, 2002.

_____. Pluralismo e liberdade. São Paulo: Saraiva, 1963.

RENAN, Ernest. *Qu'est-ce qu'une nation?* in Discours et Conférences, Paris: Calmann-Lévy, s./d.

REVORIO, Francisco Javier Díaz. La Constitución como orden abierto. Madrid: McGraw-Hill, 1997.

RICOEUR, Paul. Do texto à acção. Porto: Rés, s.d.

_____. Ensaios de interpretação bíblica. São Paulo: Novo Século, 2004.

RODRÍGUEZ-ZAPATA, Jorge. Métodos y criterios de interpretación de la Constitución en los seis primeros años de actividad del Tribunal Constitucional, *in* Antonio Lopez Pina (Coord.).

División de Poderes e Interpretación de la Constitución, Madrid: Tecnos, 1987.

ROSENTAL, M. & IUDIN, P.. Pequeno Dicionário Filosófico. São Paulo: Livraria Exposição do Livro, 1959.

_____. Da teoria marxista do conhecimento. Rio de Janeiro: Editorial Vitória, 1956.

SAMPAIO, José Adércio Leite. A Constituição reinventada pela jurisdição constitucional, Belo Horizonte: Del Rey, 2002.

_____. As sentenças intermediárias de constitucionalidade e o mito do legislador negativo, *in* Hermenêutica e jurisdição constitucional. Belo Horizonte: Del Rey, 2001.

SANCHÍS, Luís Prieto. Ideología e interpretación jurídica. Madrid: Tecnos, 1993.

_____. Justicia constitucional y derechos fundamentales. Madrid: Trotta, 2003.

SARMENTO, Daniel. Direitos fundamentais e relações privadas. Rio de Janeiro: Lúmen Juris, 2004.

SAUSSURE, Ferdinand de. Cours de Linguistique Générale. Paris: Payot, 1972.

_____. Curso de Linguística General. Buenos Aires: Losada, 1945.

SCHAFF, Adam. História e Verdade. São Paulo: Martins Fontes, 1987.

SCHEFFLER, Irael. Bases y condiciones del conocimiento. Buenos Aires: Paidós, 1970.

SCHLEGEL, Friedrich. O Dialeto dos Fragmentos. São Paulo: Iluminuras, 1997.

REFERÊNCIAS BIBLIOGRÁFICAS

SCHLEIERMACHER, F.D.E. Hermenêutica e Crítica. Ijuí: Edições UNIJUÍ, 2005.

_____. Herméneutique. Alençon: CERF/PUL,1989.

SICHES, Luís Recaséns. Tratado General de Filosofía del Derecho. México: Porrua, 1965.

SILVA, José Afonso da. Teoria do conhecimento constitucional. São Paulo: Malheiros, 2014.

SILVA, Virgílio Afonso da. A constitucionalização do direito: os direitos fundamentais nas relações entre particulares. São Paulo: Malheiros, 2008.

SMEND, Rudolf. Constitución y derecho constitucional. Madrid: Centro de Estudios Constitucionales, 1985.

SOMBRA, Thiago Santos. A eficácia dos direitos fundamentais nas relações jurídico-privadas. Porto Alegre: Sergio Antonio Fabris Editor, 2004.

SOUZA NETO, Cláudio Pereira de & SARMENTO, Daniel. Direito Constitucional: teoria, história e métodos de trabalho. Belo Horizonte: Editora Fórum, 2013.

STARK, Werner. Sociología del Conocimiento. Madrid: Ediciones Morata, 1963.

STEINMETZ, Wilson Antônio. Colisão de direitos fundamentais e princípio da proporcionalidade. Porto Alegre: Livraria do Advogado, 2001.

STRECK, Lenio Luiz. Hermenêutica jurídica e(m)crise. Porto Alegre: Livraria do Advogado, 2001.

_____. Jurisdição constitucional e hermenêutica. Porto Alegre: Livraria do Advogado, 2002.

TREMPS, Pablo Pérez. Tribunal Constitucional y poder judicial. Madrid: Centro de Estudios Constitucionales, 1985.

USERA, Raúl Canosa. Interpretación constitucional y fórmula política. Madrid: Centro de Estudios Constitucionales, 1988.

VALE, André Rufino do. Eficácia dos direitos fundamentais nas relações privadas. Porto Alegre: Sergio Antonio Fabris Editor, 2004.

VERDÚ, Pablo Lucas. El sentimiento constitucional. Madrid: Editora Reus, 1985.

_____. La Constitución abierta y sus "enemigos". Madrid: Universidad Complutense de Madrid: Ediciones Beramar, 1993.

VIEHWEG, Theodor. Tópica y filosofía del derecho. Barcelona: Gedisa, 1991.

_____. Tópica y jurisprudencia. Madrid: Taurus, 1964.

WENTSCHER, Max. Teoría del Conocimiento. Barcelona: Editorial Labor, 1927.

WITTGENSTEIN, Ludwig. Dicionário Wittgenstein. Rio de Janeiro: Zahar, 1998.

_____. Investigações Filosóficas. Lisboa: Gulbenkian, 1995.

WRÓBLEWSKI, Jerzy. Constitución y teoría general de la interpretación jurídica. Madrid: Civitas, 1985.

XAVIER Philippe. Le contrôle de proportionnalité dans les jurisprudences constitutionnelle et administrative françaises. Paris: Economica Presses Universitaires D'Aix-Marseille, 1990.

XYNOPOULOS, Georges. Le contrôle de proportionnalité dans le contentieux de la constitutionnalité et de la legalité en France, Allemagne et Angleterre. Paris: LGDJ, 1995.

REFERÊNCIAS BIBLIOGRÁFICAS

ZACCARIA, Giuseppe. Razão jurídica e interpretación. Madrid: Civitas, 2004.

ZAFFARONI, Eugenio Raúl. Estructuras judiciales. Buenos Aires: Ediar, 1994.

ZAGREBELSKY, Gustavo. *La Corte Constitucional y la Interpretación de la Constitución*, in División de Poderes e Interpretación: hacia una teoría de la praxis constitucional. Madrid: Tecnos, 1987.

ZILLES, Urbano. Teoria do conhecimento e teoria da ciência. São Paulo: Paulus, 2005.